# 悠木碧のつくりかた　目次

## お仕事篇

## 推しごと篇

# 悠木碧のつくりかた

# はじめに

はじめましての方も、そうじゃない方もこんにちは！　悠木碧《ゆうきあおい》と申します。

私は、アニメやゲーム、映画などで、画面の中にいるキャラクターたちに声のお芝居をつける仕事、声優をしています。にもかかわらずこの一冊は、声での表現は一切なし。なんと文章のみで、自分のことを語らないといけないんだって！

最初は正直尻込みしました。けれど実は元々文章を書くのは好きだったりもします。

小中高は全部の授業の中で国語が一番好き、とまではいかなかったけれど、作文の成績は悪くなかったし、オリジナルの小説（黒歴史）とか書いてたことあるし！　大学では、論文提出で評価が行われる講義は悪くない成績でしたし！　大人になってからも……ツイート毎日してるし？　今だって一応漫画の原作をやってて、脚本を毎月提出してるし！　何より私は毎日、プロの書いた文章に接する仕事をしてい

るわけで！　と、今、自分を鼓舞《こぶ》して書いています。（笑）

あ、こんな書き方をしていますが、決して誰かに強制されたとかではないんです。

強《し》いていうなら、私の好奇心が強制しているのかも。

新しいことを提示されると、首を突っ込まずにはいられない、三十年生きてみて知った、自分という珍獣の習性として、仕方なく受け入れてしまっています。いつだって何をやっても自業自得。なぜなら、私が選んで決めたから。

なーんてね、そんな風に理想は掲げていますが、ビビって長いものに巻かれることも、忖度《そんたく》した結果痛い目を見たことも、全然あります。これはそんな珍獣の生態図鑑。

冒頭からこれですから、ゆるくゆるーく、母なる地球のように穏やかな気持ちでもって読んでいただければ幸いです。


でもね、ちょっと言い訳すると、なにも私だけのせいで好奇心に逆らえない子になったわけじゃないのです。

私は幼少期から、子役として活動をしていましたが、当時はお芝居の勉強がどうにも苦手で、実は本格的にレッスンを受けたことは一度もありませんでした。

そんな私に、子役事務所のマネージャーさんは言ったのです。

「お芝居を勉強するのが嫌なら、毎日自分を観察しなさい」と。

そして、「たくさんいろんなことを経験しなさい」とも言ってくれました。本当に死ぬほど勉強したくなかったため、私は自分の観察を始めました。

これはめちゃくちゃ楽しかったです。

犬や猫の真似をさせられたりしないし、五秒で泣けとも言われないし、気の強い知らない子と組体操することも、大きな声で挨拶する必要もありません。座ったまま鏡に向かってひたすら自分を見ていればいいんです。そして、今なぜ自分が楽しいのか。悲しいのか。怒っているのか。そういうことを、心の芯まで考えていく。

結果出会う自分の本心はたいてい怠《なま》けたダメな子なんですが、それが私、と認めないと、次の一手って打てないんですよね。そしてそれにちゃんと従えた時は、失敗しても納得がいく。そもそも、それは失敗だとは思えないのです。

本当にそれを続けることだけが、私の芝居の稽古でした。「たくさん経験しなさい」という課題の方は、生きているだけでクリアできました。子供の頃は探さなくてもそこら中に知らないことや初めてのことが転がっていて、なんの躊躇《ためら》いもなくそこに飛び込んでいけたから。

「三つ子の魂百まで」とはよく言ったもので。大人になっても、自分を観察する癖《くせ》ってやつは抜けません。

毎日、毎時間、毎分毎秒、自分の気持ちの核を探して行動してしまいます。そうして見つかるのは、決して美しい本心だけではないけれど、案外醜い自分だけでもないものです。とはいえ「いろんなことを経験しなさい」の方は、積極的に自分から探しに行かないと、なかなか出会えなくなってきました。

私はまだまだお芝居を深めたい。だから、気持ちのコンパスの針が向いた新しいことは、リスクもリターンも関係なく、やってみないと気が済まないのです。

幼少期は、自分の身の回りのことや、自分が携わったこと、自分がこれからなりたいものなど、己の基礎を固めることに意識が向いていましたが、最近はそこから派生した、応用的なことに興味が湧いています。

その一つが、文章を認《したた》めることです。私たち声優は声でお芝居をするわけですが、その前には当然ながら、脚本や台本を作ってくれている人たち、文章のプロによる仕事があるわけです。

そこって声優である私には直接関係はないんですが、でも、いろんなロール（役割）を遊んでみると、自分のジョブ（職業）の理解度も深まるって、『ＦＦⅩⅣ』（ファイナルファンタジーXIV）が教えてくれました。このたとえが全然ピンと来なかったそこのあなた！　『ＦＦXIV』は大変面白いゲームなので是非遊んでみてくださいね！

脱線しちゃったけど話を戻します。

もちろん、エッセイは脚本とはちょっと違うことも重々承知しつつ、自分の担うパートとは別のパートの大変さや面白さを少しでも理解出来れば、お芝居の選択肢が広がるんじゃないかな、と思って書き始めています。

それからもう一つ、書きたいと思った理由があります。

今回、これが一番大きな理由になってくれたかもしれません。

有難《ありがた》いことに毎月、たくさん応援のお手紙を頂くんです。あったかい応援のお手紙は私の毎日の活力になっていて、凹《へこ》んだ時はみんなのお手紙を読み返して自己肯定感を高め、明日の現場に挑みます。

そんな大好きなお手紙たちのなかで、かなりの割合を占《し》めるのが〝私も声優になりたい！〟というものだったりします。どんなお手紙でも頂けることはとても嬉しいですが、誰かに憧れられるというのは照れくさくもありつつ、特別心に残ります。

是非なにか協力したい！

本当は一人一人のお家に行って、どうやってご両親を説得するのか一緒に考えたいし、オーディションに受かるための戦略を一緒に練りたいし、素敵なボイスサンプルを一緒に作りたい。そしていつか一緒にマイクの前に立ちたい！　でも、きっとそれだけに専念してしまうと、みんなに憧れてもらえている私ではなくなってしまうから。

自分の生活を成り立たせつつ、どうにか何かの形で役に立てないかな〜って考えた結果、エッセイで、私が声優になるまでのことや、声優になってからのことを残せるのっていいいんじゃない⁉　と思いました。

すみません、そんなことを言っていますが、スキルやコツなんかは全然書いてないと思います。

でもね、子役事務所のマネージャーさんの言うことが正しいならば、人間観察は何よりも芝居の肥やしになるはずなんです。そして私は彼のその言葉は正しかったと思っています。

この本は、私による私の観察資料。

一人の人が、こんなことを考えて、こんな風に育って、今ここにいる。

一つの人生サンプルになりそう……じゃないですか？　少なくとも、オタク気質で早口で喋《しゃべ》る小柄な女性の役をやる時にはめっちゃ役に立つと思います。

それに実は、人間観察って、たとえ声優じゃなかったとしても、めちゃくちゃ役に立ちます。いろんなところに絶賛寄り道しまくりの私がいうんだから間違いない！　私なりの観察の仕方を知ってもらうでもよし、観察対象として面白がってもらうでもよし。誰かの生きてきた道を知ることは、先達の育成論を知ることだと思うのです。それが、失敗でも成功でも。

人生は攻略サイトのない、世界で一番ハードなゲーム。セーブポイントもない。そのくせ、突然超重要な選択肢が出る。どの選択肢を選ぶのか、考えられる時間はまちまちだし、どのタイミングでどんなスキルを習得しているかによってもトゥルールートが変わります。そもそもトゥルールートに進めているのかすらよく分からないっていう。

え、ここに書いてあることは、あなたが経験したたった一つのルートでしかないですよね？　同じルートを通るとは限らないじゃないですかやだー！　とお思いかもしれません。実際私はかなりトリッキーなルートを通ってきた自覚もあります。

でもね、二、三年前くらいからなんですが、激烈にヤバいことでもたいていの場合どうにかできる考え方ってやつを会得した気はするんです。

それを行うには【スキル：人間観察】が必要で……。

ちなみに【人間観察】の一歩手前には【スキル：自己観察】ってやつがあります。

冒頭で触れた、今自分は怒ってるのか、悲しんでるのか、楽しいのか、嬉しいのか恥ずかしいのか、それはなぜなのかを考えるスキルです。

実はこれが最も重要になる気がしています。そもそも誰をどう観察しても、結果それに判断を下すのは自分だから、その人が本当は何を考えていたのか、ではなく、なぜ自分はその人がそう思ったと判断したのか、の方が答えが明確です。

他人が何を考えているか正確に分析することは正解の検証も含めて難しいですが、自分がどんな状態だったからその答えにたどり着いたのかは、確実に正解を知ることが出来るじゃないですか。

世界で唯一分かる本当の本当は、自分の心だと思っています。

もしかしたらこの本を読んでくれている方の中には私よりも全然年上で、大人で、もっと酸《す》いも甘いもいっぱい経験してきた方がいるかもしれません。

そんな方からしたら、三十そこそこの私が人生の大事なことについて語ってるなんてちゃんちゃらおかしいですよね。そこはその……温かく見守ってやってください。珍獣で、たまに毒も吐いたりするんですが、多分大きな害はないと思います。

そうだ！　さっきからいろんなことをゲームでたとえまくっていますが、断じて人生や命をゲームだと思ってるわけではありません。たとえると分かりやすいかなぁ、と思ったから引用しただけでして！

人生を語る上での共通認識というか、説明する時に必要な定規みたいなものって案外ないんですよね。昨今の異世界転生作品になぜゲームの世界をベースにしているものが多いのか、ちょっと分かっちゃったな。とか思うとこれ、異世界転生作品の主人公のめちゃ長モノローグみたいじゃないですか⁉

なんでだろう、ちょっとだけ恥ずかしくなってきました。

いけないいけないい、また自己分析が暴走してる！　そもそも全然分析できてないし！

そんなわけで、私はエッセイを書いてみようと思いました。

転生経験は皆無ですが、めちゃ長モノローグを楽しく読み切ってもらえるように頑張ります‼

# お仕事篇

# 生い立ちとか家族とか

自分で自分を思い出す意味も兼ねて、生い立ちとか語ってみようかな。

私は約三十年前、東京で生まれました。生まれは東京の病院ですが、育ちは千葉。東京は私にとって、母方の祖父母に会える素敵な場所というイメージでした。父方の祖母と叔父は千葉に住んでいて、近しい家族はだいたい関東に集結していたので、家族での交流は割と多い方だったと思います。父は海が好きで、よくサーフィンに行っていました。母も父の海好きに付き合って、よく九十九里浜《くじゅうくりはま》に行っていたそうです。うちの両親は筋金入りの陽キャ。当時BBQが禁止されていない海岸などで、仲間で集まって休日を過ごし、みんなでサーフィンを楽しんでいたらしいです。私もかなり幼い頃から海の記憶があるし、家族のアルバムには記憶がないほど幼い私がぷっかぷかのオレンジの水着を着て、浜でアイスを食べている写真などが残っています。この、海の仲間たちは、いっそ親戚たちよりも一緒にいる時間が長く、私は長らく彼らのことを血の繋がった親戚だと思い込んでいました。

実は父の海好きから、海のあおさを残す名前になったらいいという理由で、碧《あおい》という名前をつけてもらったらしいです。

当時この字はあおいではなく〝みどり〟もしくは〝あお〟と読まれることがほとんどで、初対面時ドンピシャで名前を読んでもらえるようになったのは、芸能活動を随分続けてからでした。

小さい頃はこの中性的な名前がコンプレックスだったりもしました。ちょうど幼稚園の頃放送していたアニメ、『ケロケロちゃいむ』*の主人公がアオイという男の子で、幼稚園では男の名前だ、とからかわれていたのです。

これを書いている今、作品名の表記などを調べるために『ケロケロちゃいむ』を検索したら、なんと浪川大輔《なみかわだいすけ》*さんがアオイくんの声を担当されていたんですね！懐かしい作品に、仕事でご一緒したことのある先輩の名前があると、感動しちゃいます。

そんなこともありましたが、あるきっかけから、この名前の漢字も読みも意味も大好きになりました。

実は、名前でからかわれて凹んでいた私に、幼稚園の先生が「あおいという名前

**＊ケロケロちゃいむ**
1995〜98年にかけて『りぼん』に連載された漫画。藤田まぐろ著。97年にアニメ化された。

**＊浪川大輔**
声優。代表作に『ONE PIECE』ユースタス・キッド役、『ルパン三世』石川五ェ門役、『君に届け』風早翔太役など。

は漢字の中に『王』『白』『石』が入っていて、つまり王様の白い石っていう、ダイヤモンドみたいな名前なんだよ」と教えてくれたのです。

幼少期の記憶は全体的にやや朧《おぼろ》げなんですが、この時のことは結構ハッキリ覚えています。煉瓦《れんが》みたいな赤い床とか、満開のツツジに茶色い蛾《が》みたいな蝶々が止まってたこととか、先生のメガネの縁がちょっと塗装が剝《は》げて虹色みたいになってたこととか。

二十歳の時に出したフォトブックのタイトル『Diamant fille ～ディアマン フィーユ～』*は、ダイヤモンドの女の子という意味。私の名前の、両親も意図していない素敵な部分を最初に教えてくれた、あの先生は元気かなぁ。

名前といえば。私は三月の末の生まれです。幼稚園に入った時、四月生まれの子とはほぼまるまる一年、現界体験期間が違うこともあって、とんでもなくトロい子供でした。走るのもビリ、折り紙もビリだし、お弁当を食べるのもビリでした。

そもそも四月生まれの子は入園してきた時にはもう、平仮名で自分の名前が書けるんです。でも、私は平仮名をそこでやっと覚え始めました。そして気付くのです。あおい、くっそ難しい。「い」は全然いい。「お」もまぁ許せる。「あ」……。なん

＊Diamant fille ～ディアマン フィーユ～
二十歳を記念して2012年にグライドメディアより発売されたアニバーサリーフォトブック。悠木のファースト写真集となった。

でそんなこんがらがってんだよ！　と、名前とにらめっこしていた気がします。

今考えてみても、子供が最初に覚える平仮名にしては難易度高くない？　とは思います。でも「あ」って上手に書けるとめっちゃ綺麗なので、一番練習して欲しいって気持ちも分かる。あと、そもそも「あ」と「お」って微妙に似てませんか？「犬」と「太」とか「休」と「体」みたいな、本気で似てるやつに後で遭遇した時に、あれは序の口だったんだな、と思ったんですが、人生四年目にはハードルが高かったです。

話が逸《そ》れましたね。人一倍のんびり屋だったけれど、私ののんびりを周りは割と受け入れてくれていました。

折り紙も塗り絵も友達が教えてくれて、教えてくれたようには出来ないんだけど、一緒だと楽しいから何となく一緒にやっていた幼少期でした。既《すで》に鶴や手裏剣を折れる友達がいたけれど、私は頑《かたく》なに三角を折ってその両端を持ち上げて折るタイプの簡易チューリップを作り続けていました。

あと、黒や茶色といったみんなから人気のない折り紙を丸めたものをオレンジの折り紙で包んで、みかんとか作ってました。折ってないじゃんというツッコミは今の私がしておくので許してあげてください。

当時このミカンはそれなりに周りの子たちに人気だったんです。というのも、幼稚園では全ての色の折り紙を使い切らないと新しい折り紙を補充してもらえませんでした。黒や茶色が減らないから、いつまで経《た》っても可愛い色の折り紙は増えません。そこで私が考案したのが、地味折り紙をあんこにした作品でした（確かそんな理由だったはず）。我ながらいいプロデュースだったと思います。

ちょっと話は変わるのですが、私は幼稚園に入る前から入りたてくらいの頃、鏡に話しかける子供でした。

実は、冒頭で話した、子役事務所のマネージャーさんにアドバイスをもらうずっと前から、鏡に話しかけていました。

だって鏡の中には所謂《いわゆる》イマジナリーフレンドってやつがいたんです。そいつらはいつの間にか鏡を出て、私の頭の中にやってきました。パジコ、ムスコ、ブーちゃんという名前で、パジコは髪の毛が灰色でうねうねしてる女の子、ブーちゃんは豚で、『クレヨンしんちゃん』のぶりぶりざえもんにかなり近いルックス。ムスコはあんまり覚えてないんですが、ツッコミ担当だったような気がします。

我が家は子供の自主性（？）を重んじる一家なので、私がイマジナリーフレンドと堂々と喋っていることを誰も止めませんでした。寧《むし》ろ、その子たちがどんな子なのか母に尋ねられたことすらありました。うちのリビングはテーブルが低く、カーペットにクッションを敷《し》いて床に座るタイプだったので、クッションをパジコとムスコ、ブーちゃんの分も並べて、五人と一匹で食事をしたりもしました。このイマジナリーフレンド三人衆。おそらく、私が一人で演じていました。

実はこれを見て祖母が、私を芸能界に入れることを勧めてくれたのです。今までインタビューなどで〝鏡と喋っているところを見て〟と言ってきたのは、イマジナリーフレンドの説明がなかなか難しく、また、聞く人によってはちょっと不気味かもなと思ったので、マイルドな表現にしていました。

ヤバいと思わず才能として受け入れてくれた祖母には心から感謝しています。

家族はみんな一人娘の私に基本めちゃくちゃ甘く、母だけが心配性すぎて厳しい、みたいな感じでした。この本を書くために母に、幼少期の私のヤバいエピソードをいくつか教えてと聞いたら、割とやらかしていたことが判明しました。

まず言われたのが、幼稚園で一番高いイチョウの木に登り、下りられなくなった話。これは私も記憶があります。身体能力の高い男の子に、運動音痴を馬鹿にされたんですね。その子が鉄棒に登って、鉄棒のポールの部分に片足で立ちながら、私のノロマをからかいまして。悔しくなったので鉄棒より高い所にいってやろうと、隣に生えてたイチョウの木に、鉄棒づたいに登ってやったんです。子供で身軽だったし、枝ぶりも立派なイチョウで登りやすかったんでしょう。

とはいえ、行きはよいよい、帰りは……当時の私からしたら断崖絶壁のようなもので、全然下りられなかったのです。木の上でわんわん泣いて、でも園の大人は誰も木に登れなかったから、結局母が死ぬ気でイチョウの木に登ったんだとか。

今でこそカービィみたいにまんまるで可愛い母なんですが、当時はサーフィンをしていたし腹筋も割れていて、運動神経抜群だったのです。

ちなみに私は、登ったところまでしか覚えてないのでそのことを告げたら、そんなに？　ってくらい嫌な顔をされました。

それから、蝶々の順番待ちをしていたこともあったそうです。これは当時近所で良くしてもらっていた母の友人から教えてもらいました。その方はガーデニングが趣味で、庭にはＤＩＹで作ったテラスがあり、そこにいろんな花が咲いていました。よくその花に、シャワーホースで水をあげる手伝いをしていたんですが、ある時、先に蝶々がとまっていたらしく。順番は待たないといけないものだからといって、蝶々がいなくなるまでじーっと待っていたそうです。

ぶっちゃけこの話は全然記憶にないけれど、なんというか、こういうことは誰かに言わないだけでたくさんありました。鈍臭《どんくさ》いことに変わりはないんですが、一応自分なりに理由があったんです。

たとえば、体操服に着替える時、母から生地を伸ばさないでと言われたことを忠実に守りたくて、結果、スローモーションみたいなスピードになったり。よく噛んで食べなさいと言われていたから、よーく噛んでいたらご飯の時間が終わっていたり。かけっこで、早く走ろうと手足を意識しすぎるあまり、手と足が一緒に出ちゃったり。

今でも考えすぎて空回りすることは多いです。考えるスピードを速めたり、経験によって、考えるべき部分とそうでない部分を取捨選択することで、社会のルールに則《のっと》った時間配分で生きられるようになりましたが、気を抜くと取り留めもなくいろんなことを思考してしまうので、思考を止める合図を作っています。

そうそう、イマジナリーフレンドくんたちには、幼稚園に入ってリアルフレンドが増えてからすっかり会えなくなってしまいました。

パジコとムスコとブーちゃん、元気でしょうか。最近、マルチバースを扱った映画とかを見たからかな、彼らが本当に鏡の向こうに生きていて、友達に追いつけない鈍臭い私のために遊びに来てくれていたのかも、なんて想像してしまいます。

あれから約三十年経っているわけですが、パジコたちも生きていたら同い年くらいになっているんでしょうか。ブーちゃん、豚だったけどまだ元気だといいな……。

ちなみに豚の寿命は十~十五年なんですって。意外と長生き！

# 子役だった頃

ここからは、子役時代のことを話してみようかなと思います。

前述した通り、祖母のススメで子役事務所に所属することになりました。とはいっても我が家には、芸能系の人なんて一人もいませんでしたから、子供をタレントにする方法なんて誰も分からないわけです。

そこで祖母が目をつけたのが、「お仏壇のはせがわ」のCMの、一般公募オーディションでした。家族はみんな、私がタレントになると信じてくれていたので、私もそう思っていました。ハリウッド女優になるって。

……言いたいことは分かります。でもでもしょうがないじゃん⁉ 芸能界のハードさを知ってる人なんて誰もいなかったんだもん！

ということで自信満々でオーディションに応募し、さっくり落ちて帰ってきたわけです。それもそのはず。あれだけ大々的に流れるCMなわけですから、各地から優秀な子供たちが集まってくるのです。容姿の美しさだけでなく、言葉遣いや所作も完璧で、目立った特技を持ったスーパーキッズが。

そんなこととは露知らず。祖母の縫ってくれたお気に入りの黄色い花柄レースのワンピースを着て、特技の発表ではセーラームーンになりきって『ムーンライト伝説』をフルコーラス歌いました。

今考えるとフルコーラスってやべぇな……と思います。審査員の方に、もういいよと言われていたらしいんですが、私の記憶には全然ありません。

そりゃ落ちるわけですが、実はここで、最初に所属することになる事務所にスカウトされました。後からマネージャーさんに聞いた話ですが、自信満々で歌いきった度胸と、自分がセーラームーンだと信じていたなりきり度合いがタレント向きだと評価されたらしいです。自己肯定感高く育てられていたことが功を奏しました。

事務所に所属し、体験レッスンなどを受けて初めて、子供の頃から役者やタレントのトップを目指して来る子たちが、わんさといることを知りました。

私はどうにもこのレッスンが苦手でした。なんかその、二人組作ってくださーいみたいなのが多いんです。既に出来上がったクラスのキラキラした少年少女の中に途中から入って二人組を作るのはめちゃくちゃしんどい。

みんな優しいから余らないように気を使ってくれたりもするんですが、それはそれでめっちゃしんどい。哀れまれる屈辱ッ……！

そんなわけで、レッスンにはほとんど参加しませんでした。

大きな事務所だったので、そういう子も結構いたのが救いでした。本気でタレントを目指してる子もいれば、習い事の一環でやってる子もいる。それでも有難いことに、マネージャーさんたちは平等にチャンスを与えてくれました。

いろんなオーディションに参加し、ちょこちょこ合格して現場に連れていってもらえていました。


現場では、子供より大人の方が圧倒的に多いです。私は初めてそこで、大人が形成している社会を学びました。

当時私の中で大人は、両親や先生、マネージャーといった、子供を導く存在でした。けれど現場では、大人を導く大人や、大人に怒られる大人など、大人同士の築くコミュニティを見ることが出来ました。

大人は子供を、話を聞かれても問題のない相手だと判断していることが多いです。

だから闇深い話も、子供の前では声をひそめずに話します。しかし、子供は案外大人の話を理解しています。どんなにえげつない会話のなかでも、聞いてないふりをしながらお弁当を食べていたし、トイレで手を洗う時、手が届かなくてつま先立ちをしながらも、（まじかよ……）と思っていました。

でも、悪い話ばかりでもありません。真面目に働いている若いスタッフさんの優秀さを、ベテランスタッフさんが喜ぶ話を聞いたこともあるし、ちょっと怖いスタッフさんが仲のいいスタッフさんにだけは奥さんとの可愛いエピソードを惚気《のろけ》ていたりもしました。

大人も子供と変わらないんだなと、納得するには十分なくらい、いろんな大人を見ることが出来ました。大人だってやりたいことをやってたいし、仲のいい人と遊ぶと楽しいいし、怒られたら嫌になるし、褒《ほ》められたら調子に乗ります。【スキル：人間観察】初期段階で得た大きな収穫でした。

大人だけでなく、もちろん子役同士の交流もありました。いろんな地方からいろんな子が集まってきているし、年齢も性別も、志《こころざし》もまちまちです。親御さんから期待されすぎて、周りに当たりがキツイ子もたまにはいましたが、基本的にはみんな、カメラが回っていない時は普通の子たちでした。ただ学校と違うのは、陽キャも陰キャも優等生も破天荒ちゃんも、グループに分かれず一緒にいるということ。

子役って出番が決して多くないので、たいてい待ち時間がめちゃくちゃ長いんです。大人は常に忙しそうですから、子供のことは子供同士で何とかした方が喜ばれます。

先も書いた通り、現場には子供が少ないから、目の前の子と仲良くする方が楽しいし、得もある。学校だったらあまり話すタイプじゃない子とも、子役という共通点をきっかけにいっぱい話せる時間は刺激的でした。

でも、またその子と会えるかはお互いの頑張り次第。一期一会といえば聞こえはいいけど、シビアだなと感じることもありました。だからこそ、何度も会える子とは自然と戦友のような意識も生まれていました。まだ業界で頑張ってる子もいれば、受験で芸能活動を卒業した子や、ご家庭の事情で辞めざるを得なかった子、いろんな子がいました。それぞれ個性的だったけど、みんないいやつでした。

当時の仕事内容の話も少し。子供とはいえ何となく、得意な分野というのはあったりします。ドラマ、ＣＭ、映画に舞台と、様々な分野に才能を持った子がいました。

　更に、一口にドラマが得意、といっても、サスペンスなのか恋愛なのか、医療モノなのか。CMが得意といっても、食べ物なのか車なのか、保険なのか、みたいに結構細分化されます。お芝居の気質や表情の作り方、現場での立ち居振る舞いなど、いろんな要素が絡んで、得意分野が出来るのだと思います。

　私は割とオールラウンダーで、ドラマからバラエティ番組、CMまで色々経験させて頂きました。でも、食べ物のCMはついぞ受かりませんでした。食べ物のCMって子役の中でも競争率が高いんです。そもそも、子役のほとんどは誰かの子供役や幼少期の役で起用されます。だけど食べ物のCMは、子供自身が主役になることもままある。それにCM案件は正直めちゃくちゃ身入りがいいです。一回の出演でお父さんの年収をぶち抜いて、家庭内のバランスが崩壊したなんて噂も耳にしました。

　そのため、どの事務所もスター級の子をオーディションに揃えてきます。幼い頃から日焼け止めをしっっかり塗られ、歯並びを矯正され、週二回以上お芝居のレッスンに通い、バレエや英会話、ピアノも習って、待ち時間にも塾の宿題をずっとやってる……みたいな、強者《つわもの》が揃うんです。もうね、オーディションでの気合いが違う。トイレでお母さんに厳しく叱られている子が何人もいる。私はそれを目にする度、母と縮み上がってそそくさと待合室に戻っていました。

これからテレビで、食べ物のCMに出ている子を見かけたら、この子が今の子役界のスーパースターなんだ！　と思って応援してあげてください。

といっても、私の見てきた光景は二十五年くらい前のもの。今はそんなスパルタではないかもしれません。稀《まれ》にアフレコ*現場に子役さんが来てくれることがあるんですが、皆さんいきいきのびのびされています。立ち居振る舞いはちゃんとしてるけど、子供らしさも残ってる絶妙なバランス。せっかく本物の子供に演じてもらうんだから、本物の無垢《むく》さが残されてた方が、キャスティングした側の意図にも合ってるはず。エンターテインメントだからこそ、子供たちにも楽しく取り組んで欲しいですよね。ニューエイジたちの活躍がとても楽しみです。

子役時代のエピソードとして欠かせないことと言えば、やっぱり両親の話。

事務所の方針にもよりますが、私が所属していたところは、基本小学生以下の子役には親御さんがついてきていました。たまに一人で来ている子がいると、子役界では一目置かれていました。我が家は普通の家庭と比べても大変過保護だったため、

**＊アフレコ**
アフター・レコーディングの略称。既にある映像に、後から音声の演技をつけること。逆に映像製作よりも先に録音する手法をプレスコ（プレスコアリング）という。

例に漏れず母が、なんなら両親がついてきていました。

ただ、心配性ではありましたが、タレント活動を強要されたことは一度もありません。辞めたかったらいつ辞めてもいいよ、と言われ続けていました。とはいえ、そういう時の親の顔は寂しそうで、辞められなかったけど。

だって、やるといったら全力で協力してくれちゃうのです。基本お仕事の移動は電車でした。当時スマホがなかったので、両親が時刻表の冊子で調べて、いくつも電車やバスを乗り継いで、遠くのスタジオまで連れて行ってくれました。

特撮作品や映画などは入り時間が早すぎて、電車が動いてない場合もありました。そんな時は、紙の地図の出番です。オンボロ軽自動車でオーディション会場や撮影現場に向かっていました。毎週出番があるような番組でも、衣装を準備してもらえないこともありました。我が家はそんなに裕福ではなかったので、母が古くなった私服をリメイクしてくれていました。母方の祖母は洋裁が、父方の祖母は和裁ができる人なので、祖母が縫ってくれた服でいくことも。私は家族が作ってくれる服が大好きでした。サイズもピッタリだし、デザインも可愛いし。衣装がリースできるようになってからも、母の服が着たくてねだったりするほどでした。

実はうちの母。服だけでなく、いろんなものが作れる人です。今も昔も、〝ちょっと便利〟を生み出す天才で。いまだに母の知恵に頼ることがあります。

よく、イベントなどで出演者全員がお揃いで着なきゃいけないサイズの合わないTシャツを何とか着るために、リボンを背中に通したり、安全ピンでとめたところを缶バッジで隠して可愛くしたりするんですが、最初の最初は母の案でした。

それから、私は荷物が多い時はたいてい風呂敷を使うんですが、これも母の発案。荷物が増えても対応出来るし、かつ、着替える場所がない時に足元に敷けたり、目隠しを作れたりするんですよね。

二十五年前ですから、子供はその辺で着替えといて！　みたいなこともままあったので、母の風呂敷は私をいろんなことから守ってくれていたと思います。他にも彼女の、ポジティブで奇想天外なアイディアに助けられたことがたくさんあります。ここでは母のことばかり書きましたが、父も祖母も祖父も、みんな全力で協力してくれていました。いちばん身近な人たちがそんなに頑張ってくれるんだから、辞められるわけないですよね。辞めてもきっと怒られなかったけど、走れるうちは走らないと、甘えて立ち止まったらなんだか申し訳なくて。子供ながらに、かけられた愛情の分だけ走り続けなきゃいけないと思っていました。

# 声優になるぞ

子役だった私が突然声優を目指し始めたのは、中学に上がる頃だったと思います。『キノの旅 -the Beautiful World-』*という作品のノベルゲームのオーディションがきっかけでした。その役を受けるはずだった子がインフルエンザにかかり、ピンチヒッターとして参加したところ、なんと合格。ここで私は初めて、アニメキャラクターの声って人間が演じてたんだ！　ということを知ります。

もちろん、ピカチュウやドラえもんが現実に存在しないことは、察していました。だって戦隊ヒーロー作品にお邪魔した時に、アクションパートを担当している人と、ドラマパートを演じている人が実は別人だというのを見ていたし、敵の身体の中には実はめちゃくちゃ優しいおじさんが入っていることも知っていたから。でも、アニメーションを作る現場というものは、想像もしたことがなかったんです。ちょっとショックもありましたが、同時に、本当にセーラームーンやポケモントレーナー

**＊キノの旅 －the Beautiful World－**
2000年より電撃文庫から刊行されているライトノベルシリーズ。時雨沢恵一著。03年、17年と二度にわたりアニメ化された。悠木は03年版で第13話に登場する少女さくらを、17年版で主人公キノを演じた。

になれるってこと？　と大きく夢が広がった瞬間でもありました。

　そこから初めて、声優さんを意識してアニメを観るようになりました。このキャラとこのキャラ、だから同じ声だったんだー‼　みたいな発見の一つ一つが、世界の真理のように思えました。

　また、子役と違いオーディションの合否に容姿がほとんど関係ないことにも感銘を受けました。美しいかどうかの話ではなく、子役は誰かの幼少期を演じることが多いので、必然、現在を演じている役者さんに顔立ちや背格好が近い子が選ばれます。一瞬しか出てこなかったり、台詞がなかったりもするため、芝居の技術よりも、容姿が重要なことが多いんです。けれど、声優はキャラクターに容姿が似ている必要はありません。多少そういったことが求められる場合でも、選考の最重要項目に容姿が来ることはないと思います。自分の腕さえ磨けば、何にでもなれることに大きな意味合いを感じていました。いろんな声優さんに憧れ、部屋で声を真似ては一人ではしゃいでいました。

　当時私が一番真似したのが、『デ・ジ・キャラット Di Gi Charat』*というアニメに登場する、沢城《さわしろ》みゆき*さんが演じる毒舌系幼女、ぷちこ（プチ・キャラット）で

**＊沢城みゆき**
声優。代表作に『ルパン三世』峰不二子役、『HUNTER×HUNTER』クラピカ役、『鬼滅の刃』堕姫役など。

**＊デ・ジ・キャラット Di Gi Charat**
キャラクターショップ「ゲーマーズ」のマスコットキャラクター、デ・ジ・キャラットを原案としたアニメ。1999年に放送された。

した。確か休日の朝に放送していて、家族で楽しんでいました。その時間帯のアニメにしてはギャグがめちゃくちゃシュールだったんですよね。

　父に連れられて初めて「ゲーマーズ」に行った時は、店内が桃の香りに満ちていてドキドキしました。そして、お小遣いを貯めて、キャラクターソングのＣＤやイラスト集も買いました。当時はまだポータブルＣＤプレイヤーが主流だったのですが、ＣＤと画集を買ってしまうとＣＤプレイヤーは買えませんでした。でもどうしても部屋で一人で聞きたかったんです。そんな私に助け舟を出してくれたのは、「進研ゼミ」でした。テストを提出すると、金のシールが貰えるんですが、これがポイント制になっており、ＭＡＸまで貯めるとポータブルＣＤプレイヤーと交換してもらえたんです。何とかＣＤプレイヤーをゲットした時の喜びは忘れられません。やっとの思いで聞いたキャラソンでは、無表情ながらちゃんとぷちこが歌いかけくれていて、感動しました。そもそもぷちこの何に惚れたのかというと……。無表情なのに可愛くて、淡々と喋るのに感情が分かる、そのさじ加減がたまりませんでした。

　また『デ・ジ・キャラット』には『Welcome!』という曲があり、これには全キャラクターがソロで歌ったバージョンがあるんです。つまり！　それぞれのキャラの個性を同じ曲で聞き比べられるってこと!!　台詞だけでなく歌でもお芝居が出来ることに感銘をうけました。

そしてこの当時、沢城さんはまだ学生でした。私とそう年齢の変わらない方が、声だけでこんなに自由に表現をしているんだ、ということにビッグドリームを感じ、それも憧れる大きな理由になりました。

いつか沢城さんに会うぞー！　会うまでは諦めないぞー！　と気合を入れていた矢先、なんと私は運良く、いきなり沢城さんと現場をご一緒させて頂くことに！

それは『おねがいマイメロディ』*という作品でした。沢城さんは男の子の役を演じていらして、容姿だけじゃなくて性別も超えてる！　というところを、生で体感させて頂きました。ぷちこを演じていた時と全然声やお芝居の質が違うことにも大感動でした。

沢城さんは人としてもとても素敵で、長時間のアフレコで疲れ果て腹ぺこになってしまった私にパンを分けてくれたり、もう二度と会えないかもしれないからここで全部聞いておかなきゃ！　と焦った私が、台本の作り方や、仕事と学業との両立の仕方、役の摑《つか》み方など、いろんなことを質問しても、とても丁寧に、隠さず教え

**＊おねがいマイメロディ**
株式会社サンリオのキャラクター、マイメロディを原案としたアニメシリーズ。2005～09年にかけて放送された。沢城みゆき氏は主人公の同級生・小暮駆を、悠木は主人公の妹・夢野琴を演じた。

てくれました。

今思うと、子供だということを盾にかなり大胆なことをしていたんだな……と反省もいっぱいあります。

あの時沢城さんが、そんな私にも真摯に向き合ってくださったお陰で、きっと今も私は声優でいられているのだと思います。この作品は長期レギュラー番組だったこともあり、他のキャストさんたちにも本当に良くして頂きました。憧れる大人がたくさん増えた現場でした。


素敵な体験のお陰で、声優になる決心が固まった私を待っていたのは、初めての事務所移籍。子役事務所には年齢制限があり、そろそろ私も引っかかる時期だったためです。まだ芸能界でやっていきたいなら、大人の事務所に移らなければなりませんでした。そうして移った先の事務所で、『紅《くれない》』*という作品に出ることになりました。私はヒロイン・九鳳院紫《くほういんむらさき》役で合格したのですが、なんとこの作品の主演が沢城さんだったのです！　以前お会いした時よりも、役同士の距離感もグッと近くなり、お芝居で掛け合いをするタイミングも増えました。そして、ヒロインに合格すると待っているのは、アフレコだけではありません。取材やラジオ、トークイ

**＊紅**
2005年に集英社から発売されたライトノベル。片山憲太郎著。07～12年にかけて『ジャンプスクエア』にてコミカライズ、08年にアニメ化された。

ベントなど、想像もしていなかった仕事がたくさん舞い込んで来ました。実は初めて「ジャンプフェスタ」のイベントに登壇した時、人の多さに圧倒されて目が回っていました。やったこともないような仕事が、やったこともないペースで来ることにてんてこ舞い。沢城さんはお芝居も素敵ですが、どのパートにおかれてもプロとしての佇《たたず》まいがかっこよく、何とか見よう見まねでやり過ごしていました。

『紅』が終わった頃、今度は声優事務所に移籍することになりました。

俳優向けの事務所と声優向けの事務所は、社内の形態も入ってくる仕事の質も違います。俳優向けの事務所に入ってくる声優の仕事というのは、あえて、声優ではなく俳優を使いたい、というものが中心になってくるのです。

だから、本当に声優としてやっていきたいなら専門の場所に行った方がいいと、当時の事務所の社長さんが提案してくださいました。

そうして私は前事務所、プロ・フィットに移籍したのです。

当時の声優業界というのはかなり排他的で、どの事務所も、基本的には養成所*を通らなければ所属させてもらえませんでした。そんななかで、折角《せっかく》現場は経験できたけど、そのあとどう声優活動を継続していけばいいのか分からなかった私を、プ

**＊養成所**
声優養成所。主に声優事務所が運営する、声優になるための技術や知識を教えるスクール。

ロ・フィットは受け入れてくれました。

入所して、いろんな声優さんたちと出会うようになって、分かったことがあります。

私、全然、声優としての基礎知識がなくない……？　と。

一口に芝居をするといっても、マイクの前で芝居をするのと、カメラの前で芝居をするのは、結構違います。今までは〝あえて〟俳優に任せたい案件を受けていましたから、知らないままでも許されたことも、声優を本職にするなら許されません。たとえばマイク・ワーク、＊たとえばモブキャラクターの兼役《かねやく》＊などなど、細かいけれど出来ないと困っちゃうことがたくさん出てきました。

けれど、芝居と、人を観察する目だけは物心ついた時から叩き込まれてきたし、何より私は、憧れの先輩の背中を間近で見せてもらえている。その気合いが伝わったのか、幼少期からの努力が実を結んだのか、それともただのラッキーだったのか。オーディションにもそこそこ残れるようになっていきました。現場で学ばせてもらうという、非常に贅沢な体験をさせてもらいました。

この頃には高校生になっていました。まだ抱えている作品も少なく、目が回るほど忙しいということはなかったので、人並みに楽しく高校生活を謳歌《おうか》できていまし

＊マイク・ワーク
音声収録時、マイクを複数の声優が交代しながら使用すること、またその時の動き。通常、声優の人数分のマイクがあるわけではないため、いつ誰がどのマイクを使うのか、声優同士の連携が必要となる。

＊兼役
一つの作品において、一人の声優が二つ以上の役を演じること。

た。仕事がある場合は、学校が終わってからスタジオに向かいます。そのため、ちょっと目立ちますが制服で現場入りしないといけませんでした。

アフレコ現場に未成年がいるというのは、相当特殊だったため、いろんな人に「制服なの⁉」「今いくつ⁉」「学校ではどんなことが流行《はや》ってる⁉」とコミュニケーションをとってもらえました。

当時は、そんなに珍しいことなんだろうか？　と首を傾《かし》げていましたが、自分が大人になった今、たまに制服の子をスタジオで見かけると、いろいろ話しかけたくなる気持ち、めちゃくちゃ分かりますし、実際聞いちゃいます。

でも私には一つ有利なことがあって。学生時代自分が声をかけてもらって、気恥ずかしかったけど嬉しくもあったのを覚えてるんです。だから、ちょっぴり勇気はいりますが、年下の子には話しかけなきゃ！　と思えます。先輩たちが私にしてくださったみたいに、素敵な先輩になりたいし、何より、現場が仲良しな方が絶対良い作品になりますよね！　私の声優活動は、始まりから本当に素敵な出会いばかりに恵まれていました。

# 学生と大人の狭間で

中学生活は出だしを失敗しました……。どんなコミュニティにおいても初めってすごく肝心ですよね。

中学は、通っていた小学校の生徒がマルっとそのまま繰り上がって入学する形だったんですが、それだけでなく、他の地域の小学校の子たちもマルっと入学してくるような、人数の多い学校でした。

私は、六年過ごしてきた友達と一緒に、全く知らない人たちとも仲良くなることに難しさを感じていました。ごちゃごちゃ考えずに話しかければよかったのですが、何だか、初対面の人相手に緊張している自分を、友達に見られたくなかったのです。

でも、周りの友達はバンバン新しい友達を作っていきます。それが寂しくて、でもそう思う頃にはグループは出来上がっていて。新しい友達の輪に馴染《なじ》めないまま、クラスの隅っこで一人お絵描きをしていました。

また、もう一つ新しい友達作りの邪魔になったのが、中途半端に芸能人だということでした。小学校からの友達にとっては、私が芸能人なことって最早《もはや》いじってても面白くない、終わった話題だったんですが、それが中学で合流した子たちの目には珍しかったらしく、死ぬほどいじられました。学校でテレビと同じことを求められるのはしんどかったし、正直、一過性の笑いの種をなぜ私が提供しないといけないんだろう？　と不服でした。殊更《ことさら》目立たず、面白くない地味な人でいなきゃと意識的に他人を避けていました。

それでも、小学校の頃の友達は変わらずいてくれたので、完全に一人ということもありませんでした。それに、隅っこ組はなにも私だけではなかったので、隅っこ組同士で仲良くもなりました。イラストの交換をしたり、好きな漫画を貸し合ったり。小さな幸せが詰まっていました。

勉強面は、悪くない成績だったと思います。基本的に何かを作るのがめちゃくちゃ好きだったので、ノートをまとめまくっていました。授業中はスピード重視でメモ程度にノートをとって、先生の言ったことまで漏らさず書いておく。家に帰ったら復習しながら、綺麗にノートをまとめなおす。これが結構楽しくて。でも最初に始めたのは、勉強のためではなく、キラキラのペンを買って欲しかったからなんです。勉強に必要だと言ったらきっと買ってもらえるけれど、我が母は口先だけでは絶対におとすことが出来ないので、実績が必要でした。綺麗なノートを見せることで、ペンの必要性を理解してもらおうと画策しました。努力の結果が認められ、無事キラキラの七色ペンを買ってもらうことが出来てから、更にノート作りにハマりました。

実は他にもいいことがあって……。ノートをちゃんとまとめていたことで、テスト前はクラスの人気者になれました。みんな私にノートを借りに来るのです。利用されていると分かっていましたが、綺麗に作ったノートを喜んでもらえるのは嬉しかったので、どんどん貸していました。たまに返ってこなくなっちゃう時があったので、図書館の本を参考にして、返してもらう日付を先に決めてから貸し出しました。クラスの、腰パンとかしてる怖い男子が、私に必死に頭を下げてノートを借りに来るのは悪くない気分でした。

中学は絶対に部活に入らないといけなかったので、お絵描きが好きだった私はもちろん美術部に入りました。運動部や吹奏楽部がなにかの大会に出る度に、大きな紙や布にレタリングをして、応援幕を作るのが主な活動内容。後は、絵のコンクールへの応募などです。でも、いつも応援幕が必要なわけではないので、暇な時はみんなで集まって推しのイラストを描いていました。

当時私は『鋼の錬金術師』のラストとエンヴィーがめちゃくちゃ好きで、彼らの絵ばかり描いていました。美術部はオタク濃度が高く、先輩たちも優しくて、私の癒《い》やし空間でした。授業が終わってから部活に行くのが楽しみでした。

そういえば、母に中学のことを聞くと、必ず合唱コンクールの話をされます。地味な隅っこ組だった私ですが、実は中三の合唱コンクールで指揮者を担当しました。

理由は、このまま終わりたくなかったから。人に見られることが怖いと思ったまま卒業したくなかったんです。合唱コンクールは学期の最後ですから、ここでしくじってみんなのいじりの矛先が自分に向いても数ヶ月。勇気をだして立候補しました。うちの学校の合唱コンクールはクラス対抗だったので、隣のクラスには絶対に負けない！　と気合いが入り、みんな割と本気で挑んでいました。

朝も昼休みも放課後も練習しまくって、なんだかんだ腰パン男子たちも練習に出てくれたりもして、結構迫力ある合唱になっていたと思います。けれど当日の順位は二位。めちゃくちゃ悔しかったです。

しかし、私が全校指揮者賞をもらい、更に伴奏の子も全校ピアノ賞を受賞。二位の上にプラスアルファで、個人の賞を二個もらったので、うちのクラスの方が凄かった！　みたいになって結果オーライでした。

なにか一個見返してやる！　という意気込みだったはずがみんなに喜ばれて肩透かしをくらいつつも、すごく嬉しい体験でした。


高校生活は更に楽しかったです。中学で学んだ、人間は第一印象で関係性が変わるということを活かして、初日から友達作りに専念しました。周りの席のみんなに片っ端から挨拶して、その子の趣味嗜好を何となく聞き出して、目一杯の背伸びで友達を作りました。髪型や持っている筆箱、選んでいるローファーの種類、口調、目の動き、喋る速さなどから、相手の性格を割り出す行為は、台本から役を掘り出していく感覚に近くて、結構好きでした。

高校は中学と違って、ほとんどの人がはじめましてから始まるので、随分友達も作りやすかったです。加えて、私のクラスは特にオタクが多くて助かりました。当時ニコニコ動画がめちゃくちゃ流行《はや》っていたというのもあるかもしれません。今ほどではありませんが、オタクが随分ポピュラーな存在になっていました。テレビドラマの話題より、アニメや動画の話題が出るんです。みんな、『東方Project』や『初音ミク』などに夢中。かくいう私も、あの場でいろんな刺激を受けました。カラオケで『マトリョシカ』や『パンダヒーロー』、『メルト』や『初音ミクの消失』などのボカロソングを歌ってたし、好きなアニメの手描きMADを自分でも作りたくて奮闘《ふんとう》したりもしてました。「踊ってみた」は運動音痴すぎて全然無理だったので、踊る友達を撮影していました。

プリントの裏に推しのイラストを描いたり、昼休みはみんなでイヤホンを回してドラマCDを聞いたり、好きな声優さんの声について語ったり、好きな漫画の新刊発売日は帰りにアニメイトに寄ったりもしていました。典型的なオタク高校生だったと思います。この頃はまだ、声優よりも、学生としての自分の方が強かったです。そのため、コンテンツを通して聞いていた声優さんたちの声に、ファンとしてワイワイキャッキャしておりました。

実はアニメのイベントにもお客さんとして参加してたり。初めて行ったイベントは、『機動戦士ガンダム00』*のDVDお渡し会です。

**＊機動戦士ガンダム00**
2007〜09年にかけて放送されたテレビアニメ作品。「機動戦士ガンダム」シリーズ第12作。西暦2300年代の地球を舞台に、戦争への武力介入によって世界平和を目指す組織・ソレスタルビーイングの闘いを描く。

そう、高校生の頃の私が、引くほどハマっていたコンテンツ、『ガンダム00』。

私はこの作品に登場するお兄ちゃんキャラのロックオン・ストラトスが大大大好きでした。好きすぎて、めちゃくちゃ仲良しな両親と大喧嘩したことすらあります。

当時、『ガンダム00』は土曜日の夕方六時に放送されていました。しかし我が家には、土日は必ず家族で出かけるという習慣があったんです。『ガンダム00』にハマってからは、放送時間までに帰らせてくれと懇願していたのですがそれは叶わず、泣く泣く録画したものを観ていました。

しかし、そんな私が絶対にリアタイしなければならない回がありました。それは、第一期二十三話「世界を止めて」です。この回でロックオンは命を落とします。もちろん放送されるまでは、本当に死んでしまうかは分からない。でも、もう前の回からロックオンの様子はおかしかったのです。

この流れ、八割死んじゃう……。けど、メインキャラだし人気もあるし、ワンチャン死なないかもしれない。必死の訴えもむなしく、この回の放送日も両親と出かけることになったのですが、ハラハラを抱えたまま、頭の中はロックオンでいっぱいでした。

そんな私を見て、アニメのキャラのことで現実を疎《おろそ》かにするなと両親は怒りましたが、私は更に深刻に怒り返しました。

たとえ現実ではなくとも、彼らの世界で平和のために戦っている人の命を、軽いものだと言われたことが耐えられなかったのです。『ガンダム00』は現代から数百年後の世界情勢のモデルケースとして描かれています。だからこそ、たかがフィクションと流してしまうことは、自分たちの未来を疎かにすることに繋がるとすら思っていました。フィクションにのめり込むことを否定したら私が今目指している仕事ってなんなの？　現実で起こっちゃいけないことをフィクションにして伝えることで、視聴者に考えてもらうために私たち仕事してるんですけど！　みたいな、そういう飛躍した怒りをも感じていました。


今の私が当時の両親の立場だったらと想像すると、のめり込みすぎた娘を止めなきゃと思う気持ち、めちゃくちゃ分かるなと思います。二人は『ガンダム00』を観てはいませんし、そもそも世代的に、アニメ＝小学校低学年くらいの子が観るものという感覚だったはず。あと何より、ゴリゴリの陽キャだし。

しかし母は大喧嘩の後、『ガンダム00』を観てくれました。そして、戦争を扱った作品であること、私が今国際情勢や政治に興味を持ち、学びたいと思っていて、そのきっかけが、この作品と、そこで描かれる推しの死であることを理解してくれました。あんたがめちゃくちゃ真面目に考えてたことは分かったよ、と。その日は夜通し母と、国際情勢について言い合いになるくらい熱く語り合いました。この頃から何となく、いろんなニュースを議論する習慣が我が家に根付き、最近では夕食の時間はほぼ毎日ディスカッションしています。

おかしいな、高校生活のことを語ろうとして書いていたのに、『ガンダム00』の話ばかりしてるぞ？　いや、でもね今思い返してもホントのホントに高校生活の半分以上を『ガンダム00』に費やしていたので、切り離せないんですよ……。私の青春でした。

# 大学と仕事の両立

大学受験のシーズンには、いくつか新規作品のアフレコにレギュラー参加させて頂けていました。ありがたや……。流石《さすが》に高校生の同僚は少なく、現場は歳上ばかりでしたが、これから声優として頑張りたい！　という気持ちは一緒だったので、仲間意識も芽生えていきました。

確かアフレコが受験日と重なっていたんです。現場に駆けつけた時キャストのみんなが、よく頑張ったね！　と迎えてくれて、めちゃくちゃホッとしたんですよね。それなりに修羅場は掻《か》い潜《くぐ》ってきたつもりですが、それを上回る緊張を受験で感じていたようで。でも、仲間の顔を見たら張り詰めていたものが解けて、安心してアフレコに挑めました。レギュラーが増えれば増えるほど、仲のいいキャストさんも増えていくんですが、あの頃仲良くなったキャストさんたちとは今でも殊更仲良くしてもらっています。

しかし、本当にハードだったのは、大学入学から先でした。絶対に四年で卒業したい。でも、仕事も絶対切りたくない。思い返すとめちゃくちゃ欲張りですね、私。そもそもなんで大学行ったの？　って話なんですが。

ロックオン・ストラトスへの想いに、ケジメを付けたかったのです。

今、皆さんが「……？」ってなった顔見えてますよ〜！　そうですよね。いや突然のロックオンどうした？　って感じですよね。

ちょっと話が逸れちゃうんですが説明します。ロックオンの死が『ガンダム00』のストーリーに必要なことは分かっていました。けれど、理解出来たからって悲しくないわけじゃない。やっぱり死なないで欲しかった。彼はアニメのキャラクターですから、視聴者の心に何かを残すことが存在意義です。これは彼だけでなく、全てのエンタメが担う意義とも言えると思います。

つまり、視聴者が彼の死の結果、思考し行動に移すところまでいったら、彼の死に意味ができるんじゃないかと思ったんです。もっというと、そのために彼は殺されたし、それがなければ意味がなくなるとすら、当時は思っていました。

若かったこともあり、だいぶ過激ですよね。で、なんで大学に繋がるの？　って話なんですが。

『ガンダム00』では度々、他者を知ることや共感することがテーマとして出てくるんです。どんなことも自分に無関係だと思わず、まず学ぶこと、知ること、それをすべきだよ、っていう。このアニメを観て、本当に現地に行って傭兵《ようへい》組織を解体したり、武器の密売を阻止したり、医療機関を運営してほしい……とは言われてないと思うんです。もちろん、本当になってる人がいたらすごいけども。まずは興味を持って学んでみて、と訴えられていたと、私は解釈しました。だから、大学で社会学をめちゃくちゃ勉強してみようと思ったんです。国際情勢や政治をちゃんと学べば、いま私が出来ることは何なのかが見えてくると思ったし、それが分かって初めて、私がこれから目指すべきものも見えてくるのかなと。思い返せば返すほど、そんな理由⁉　って感じなんですが、あの時の私には何より重要なことでした。

加えて、私もそんな風に人の心を動かす作品が作りたい！　芝居がしたい！　と思ったわけです。だから、仕事も大学も諦めるわけにはいかなくて。あと十年しか生きられなくてもいいから、今を生ききらなきゃみたいな気持ちで、焦って走ってました。

さらに！　折角大学に入ったからサークルにも入りたいし、入ったからには活動もちゃんとやりたいじゃないですか。ちなみに私は漫研に入ってました。どうやら入った時から私が声優・悠木碧だということはバレバレだったみたいなんですが、部員のみんなは途中まで気付いていないフリをしてくれていたんです。

　ある時、私が映った写真をサークルのアルバムに載せても大丈夫か確認されて、そこで気付かれていることを知りました。それまで全くバレずに暮らせていると思ってたんですが、それはみんなが口にせずにいてくれたからなんだなって、申し訳なくなりました。先輩も同輩も後輩もとても大人で、特別扱いせず普通の友達でいてくれたことに、心から感謝しています。

　大学時代、泣くほど忙しかったけど、振り返った時にちゃんと楽しかった記憶がいっぱいあるのは、そういうみんなのお陰だなと。

　あ、世の中で大学のサークルっていうとちょっとダーティな印象を持たれる方がいらっしゃるかもなんですが、一部の酒豪の飲み方がえげつなかったくらいで、他は普通の漫研でした。文化祭ではみんなコスプレをする伝統があったんですが、ある年みんなが『魔法少女まどか☆マギカ』*の魔法少女たちのコスプレをしてくれて！　私はカオナシのコスプレ（着ぐるみ？）だったのでそのあわせには参加して

**＊戦姫絶唱シンフォギア**
2012〜19年にかけて放送されたテレビアニメ作品。歌を力に闘うという世界観から劇中歌が多数発表され、声優陣によるライブも開催された。悠木は主人公・立花響を演じた。

**＊魔法少女まどか☆マギカ**
2011年に放送されたテレビアニメ作品。願いを一つ叶える代わりに、世界を脅かす「魔女」と戦う「魔法少女」たちの生き様を描く。悠木は主人公・鹿目まどかを演じた。

なかったんですが、めちゃくちゃ嬉しかったです。カオナシの中から喜んでました。

と、大学も楽しかったんですが、仕事もとても充実していました。それこそ、ちょうど『まどかマギカ』や『戦姫絶唱《せんきぜっしょう》シンフォギア』*など、今もまだ関わりのある作品がはじまったのも、この頃でした。

『まどかマギカ』はオーディションの時から、頂いていたシナリオがとても面白く、これはきっとすごい作品になるだろうなぁと感じていました。合格通知を頂いた時には、飛び上がって喜びましたし、他のキャストさんを伺った時は緊張もしました。けれど、ほむらちゃん役の斎藤千和《さいとうちわ》*さんや、さやかちゃん役の喜多村英梨《きたむらえり》*さんは他の現場でもがっつりご一緒させて頂いていたので、安心感もありました。

少女たちの心情が繊細に描かれた作品であると同時に、時系列が飛んだりもするので、かなり丁寧に台本を確認する必要がありました。読み込んだら読み込んだだけ学びと深みがある台詞なので、チェックもとても楽しかったです。けれど、演じるとどっと心に負担が来るのも事実。私は特に、役に自分が引っ張られがちなので、『まどかマギカ』を収録していた時期は、かなり落ち込みやすかったです。それでも演じ切った時は胸が温かくて。きっとそれはまどかという優しい子が私にくれた

**＊斎藤千和**
声優。代表作に「〈物語〉シリーズ」戦場ヶ原ひたぎ役、『魔法少女まどか☆マギカ』暁美ほむら役、『ケロロ軍曹』日向夏美役など。

**＊喜多村英梨**
声優。代表作に『フレッシュプリキュア！』蒼乃美希／キュアベリー役、「〈物語〉シリーズ」阿良々木火憐役、『僕のヒーローアカデミア』芦戸三奈役など。

プレゼントだと思っています。

そんな『まどかマギカ』で私が一番悩んだのは、作品の人気が出たあと、様々なコンテンツで、再収録した台詞を納品することでした。CM、映画、コラボしたアプリなど、様々な形で、同じ話や台詞を、違う用途に合わせて演じることになります。

たとえば、『まどかマギカ』の劇場版は『叛逆《はんぎゃく》の物語』以外、テレビシリーズと内容は同じです。けれど、お客さんが観る環境や視聴時間から受ける印象なども含めて、アプローチを変えないといけなくて。

さらにCMでは、本編の台詞をそのまま言って欲しいけどテレビで流れた時に暗い印象にはして欲しくないので、テレビシリーズとは変えてください、とか言われたりも。

でも私は自分もオタクだから分かるのです。オタクはあんまり変化が好きじゃないと。不変であるから二次元が好き、というオタクは結構いると思います。事実私も、作品を見たらいつもそこにいてくれる安心感をキャラクターに抱いている時があるんです。

けれど、制作サイドからすれば、より多くのお客さんにキャッチーに刺さって欲しいという気持ちがきっとあって、それもまた理解できるのです。不変を求めるファンサイドと変化を求める制作サイドの、どちらにも喜んでもらいたい。いまだに悩む部分です。そうして、様々なまどか像を見せてもらえたことが、本当のまどかはどこにいるのかなと考えるきっかけになったし、それがちゃんとはめ込めると殊更嬉しいんです。放送開始から十年以上が経っていますが、変わらず彼女がキラキラしているのは、根幹にあるまどかの優しさがスタッフさんにもファンの皆さんにも愛されているからだと思っています。究極の少女「鹿目《かなめ》まどか」という宝物の声を担当させて頂けていることは私の一生の誇りです。

この頃私が抱えていたもう一つの大きな壁は『戦姫絶唱シンフォギア』でした。こちらも、今もまだコンテンツが様々な形で続いている、私の大事な作品です。でもとにかく……これ本当に私で大丈夫ーー⁉ってずっと思ってました。もちろん歌唱オーディションも、芝居のオーディションもありました。だからこそなんで⁉　なんで私⁉　本当に私で大丈夫⁉　と始まりから終わりまで落ち着きませんでした。

今思えばその心境こそ、突然戦火に投入される普通の子、という響《ひびき》の境遇に近かったのかもしれません。それでも、渦中にいる時ほど冷静にはなれないもので、すっかりビビり散らしていました。視聴者の皆さんが、水樹奈々《みずきなな》*さんと高山《たかやま》みなみ*さんのタッグ作品が始まるとワクワクしていたところに、突然私が割り込むという流れも含めて、プレッシャーは半端なかったです。大学でも、講義がない時間はずっとシンフォギアの曲を聞いていました。逆にしんどくて聞けないような日もありました。そのくらい自信がなかった。現場に行く度に自分の無力さを痛感して、心が折れていました。けれど、私が折れても響は立ち上がるから、私も立ち上がらないといけなかったのです。この現場も本当に、スタッフさんもキャストさんもみんな優しくて、それだけが救いでした。病んでる暇がないくらい忙しい作品で、とにかく目の前のタスクを何とかぶち破るためにてんやわんやしていました。

　そして初のライブを迎えるわけですが、実は私、このイベントのことをほとんど覚えていないんです。これもまた、目の前のタスクを何とか達成しなきゃ！　と必死で、恐らく緊張しすぎて記憶が飛んでいるんだと思います。アンコールを歌い終えたあとの会場の景色だけ覚えていて、舞台上の私から離れて、意識だけになった私がみんなのサイリウムを眺めているような感覚でした。最後まで支えてくださっ

**＊水樹奈々**
声優、歌手。代表作に『NARUTO－ナルト－』日向ヒナタ／うずまきヒナタ役、『ONE PIECE』小紫／光月日和役、『ハートキャッチプリキュア！』花咲つぼみ／キュアブロッサム役など。

**＊高山みなみ**
声優。代表作に『名探偵コナン』江戸川コナン役、『魔女の宅急便』キキ／ウルスラ役、『忍たま乱太郎』乱太郎役など。

た奈々さんと高垣彩陽《たかがきあやひ》＊さん、スタッフの皆さん、そして私の響としての初ライブを成功だと言ってくれた「適合者」の皆さんのお陰で、私はまだ響を演じられています。

そんなこんなで、私の大学時代は仕事の試行錯誤と、大学の忙しさでいっぱいいっぱいでした。この時、二足の草鞋《わらじ》を履いて爆速で走った経験があるからか、今も草鞋重ねがちです。まだ履けるな？　いけるいける！　って。一足だと物足りなくて。

アッ！　全然勉強のこと書いてないですが、割としっかりやってましたって！　こう見えて真面目なんだから！

**＊高垣彩陽**
声優。代表作に『ジュエルペット　マジカルチェンジ』ラリマー役、『戦姫絶唱シンフォギア』雪音クリス役、『ソードアート・オンライン』リズベット役など。

## 先輩・後輩・同輩

いろんな先輩に大事にしてもらってきた私にも、時が経つと共に後輩が出来ました。といっても最初は自分を彼らの先輩だとは到底考えられませんでした。今でもまだ、私を育ててくれた先輩たちのようにかっこよく振る舞えません。〝先輩〟という言葉には、どう足掻《あが》いても届かない、憧れというか、輝きがあるのです。謙遜《けんそん》とかじゃなく。

こんな時に頼れるのは、同輩たち。中でも仲がいいのは寿《ことぶき》美菜子《みなこ》＊ちゃんと、早《はや》見沙織《みさおり》＊ちゃんです。二人は、年齢も同じで、本当の本当にデビュー当時から仲良くしてくれています。ラジオをやっていたとか、作品でよく一緒になったとか、職場での関わりも多く、そこで知り合いました。今ではどちらかというとオフで会うことの方が多い友達です。仕事の内容ももちろん尊敬していますが、人としての在り方もとてもカッコイイ、私の自慢の友人二人。

**＊早見沙織**
声優。代表作に『SPY×FAMILY』ヨル・フォージャー役、『ONE PIECE』ヤマト役、『鬼滅の刃』胡蝶しのぶ役など。

**＊寿美菜子**
声優。代表作に『けいおん！』琴吹紬役、『TIGER&BUNNY』カリーナ・ライル／ブルーローズ役、『ドキドキ！プリキュア』菱川六花／キュアダイヤモンド役など。

寿ちゃんは、チャレンジ精神旺盛な人で、当たって砕けてもポジティブシンキングに切り替えて立ち直り、新たなトライを諦めない、めちゃくちゃガッツある精神がカッコイイです。

早見ちゃんはとてもスマートな人で、すごく聞き上手。情報の取捨選択が的確で、お芝居においてもそれを活かした機微の表現の差し引きが丁寧でカッコイイです。

今でも彼女たちとは、かなり赤裸々《せきらら》な相談まで共有し合っています。私たちは他の人たちに比べると少し早くデビューしていることもあって、特殊な悩みを抱えることもありました。それこそ、学業と仕事をどう両立するかとか、どちらを優先するのかとか。歳上の後輩に敬語で喋ったらめちゃ萎縮《いしゅく》されてしまったんだけど、とはいえ敬語使わないのは失礼すぎるよね？　とか。大きなことから小さなことまで何でも。答えが出なくても吐き出すだけで心が楽になるし、それぞれ違う環境で育ってきたからこそ、別の角度から提案し合えたりもします。

このころ、後輩が出来たけど先輩になるって難しい、という話はよくご飯会の議題にも挙がっていました。みんなも同じことで悩んでいるんだと思うと何だか安心できますし、二人とも大変クレバーかつ場数も踏んでいるので、提案も建設的なんです。

たとえば、人からどう思われているか、という悩み。私たちの場合、自分たちが顔を知らない相手にも存在を知られていたりするので、殊更敏感にならざるを得ません。

この悩みの解決にはいまだに、早見ちゃんが教えてくれた、〝三年ボックス〟の考え方が役立っています。「相手がどう思ってるかはすぐには分からないから、一旦そのモヤモヤを三年ボックスに入れて、三年後に取り出してもう一度考える。三年後思い出せないようならそれでいいし、思い出せることなら三年後の自分であればまた違った答えを出せるはず」という考え方。

早見ちゃんは出会った時から、おおらかでポジティブで、丁寧に生きているなぁというイメージだったんですが、この考え方を教えてもらった時、なるほどこれが丁寧な生き方の一端か！　と感動したんですよね。

また、寿ちゃんから教えてもらったことで、今も仕事に活きていることがあります。それは、喜怒哀楽＋快の五つの中から、自分を構成する感情を二つ選ぶ、というものです。彼女は読書家で、本に載っていた自己分析の方法が画期的だったよ！と私たちに共有してくれたのです。

自己分析は幼少期から繰り返してきた得意分野ではあったんですが、逆にシンプルに分けることで、自分に足りない情緒を知ることも出来るんだ！　と感動したんですよね。

　確かこれは三人でご飯を食べてる時に出た話題で、二人に対して思うものと、自分が思うものを相互に比べる……みたいなこともしました。この考え方は、何かに迷った時の即席自己分析に使えるのはもちろん、役を掴む時にもめちゃくちゃ役立ってます。キャラクターのプロフィールシートと台本をもらったら、その子は喜怒哀楽＋快のうち、どの二種が強いかをまず考えます。今のその子のシーンでは、強く感じた部分を強調して演じればいいし、足りていない情緒を少しだけ多めに表現してあげることで、キャラクターの成長を表せたりもします。アプリゲームなどの、一期一会のキャラクターを演じる場合にもさくっと使えますし、長く関わるキャラクターの場合は、どう変化させていくかの指標にもなるんです。

　寿ちゃんは好奇心旺盛で能動的で、自分から積極的にいろんなものを学んでいく人。しかもその情報を他人と共有することを惜しまない。痺《しび》れますよね。あ、私たちそれぞれ、お互いをどの感情が一番強いと思ったか気になってます？　それは内緒！　三人だけの秘密ですから！

そうして同輩と色々悩んだ末に、後輩から受けた相談におっかなびっくり答えています。いまだにそうです。後輩から打ち明けられる悩みも色々です。お芝居のことや、ＳＮＳの運用方法、仕事の選び方や、職場での立ち居振る舞い。自分が通り過ぎてきたものだったり、今も解決出来ず悩んでいることだったり。お芝居のことのような、正解がない質問に対しては、私はこう思ってるよ！　と伝えるだけでよかったりしますが、ＳＮＳの運用方法など、一歩間違うと大火傷するようなことは、下手なことも言えないので、いろんな人に聞いて考えをまとめてから答えたりもします。

もっと難しいのは、誹謗中傷《ひぼうちゅうしょう》に耐えられない、といった、解決法がない無限の苦しみへの回答でしょうか。

世の中、誹謗中傷にノーバリアで耐え続けられる人なんていないのです。怖いし悔しいし悲しい。怒りも湧く。でも顔の見えない相手からの攻撃に対してやり返したら、もっと大事なものを傷つけられてしまいかねない。だから泣き寝入りするしかない。やられっぱなしの苦しみが一生続く。考え方を変えたり、人に相談したりといった回復方法を教えてあげることはできます。でもそれは、傷を作らない方法ではなく、傷ついた後に癒やす方法でしかないのです。

いまだに、後輩たちに対して私ができることは、私も苦しいよ、分かるよ、それが苦しいことは間違ってないよと、肯定することくらい。根本の解決はしてあげられないのが歯痒《はがゆ》いです。

実は私もこの悩みを先輩に相談したことがありました。先輩たちも皆さんそれぞれに悩まれていた印象でした。

そのなかで、とても心強いなと感動し、今でも胸に残っているのは、林原《はやしばら》めぐみ*さんに頂いた、「他人がどう思ったかで善し悪しを判断してるのはプロじゃない。逆に、自分としては納得いってない振る舞いや表現を、世界中が褒めたら満足してしまうのか」という言葉。

半地下のカフェだったのに、かっこよすぎて後光が差して見えました。同時に、自分の甘さが恥ずかしくなりました。誹謗中傷の苦しみに明確に答えを出せる人もいるんだ、レジェンドすげぇ……って今でも思います。

じゃあなんでこの答えを後輩たちに伝えないのかというと……。私がまだ、全然実践できていないからです。

自分がいいと思って出したものが否定されたらすぐ自信なくなっちゃうし、これ

**＊林原めぐみ**
声優。代表作に『新世紀エヴァンゲリオン』綾波レイ役、『ポケットモンスター』ムサシ役、『名探偵コナン』灰原哀役など。

ってどうなんだろう？　とモヤモヤしていたものでも、たくさんの人に褒められたら、良かったのかも！　と思っちゃう。

いつか自分で自分をジャッジできるようになって、心根からプロになれた時には、後輩たちに、林原さんから聞いたことなんだけどね、と伝えたいなと思っています。林原さんはとても優しい方だから、ご自身もたくさん傷ついて、戦って得た、とんでもない宝物を私に分けてくださったんだと思うんです。それは、生半可な気持ちで伝聞していいことじゃないから、ちゃんとものにしていきたくて。そんな風に思えたのは、素敵な先輩に出会えたからだし、熱心な後輩がいてくれたからでもありますよね。

自分の先輩ムーヴがおっかなびっくりなことを考えると、気付かなかっただけで、私が今まで相談してきた先輩たちも、めちゃくちゃ頑張って先輩をしてくれていたのかもなぁなんて想像してしまいます。

後輩にはまだ伝えられない、とさんざん言いましたが、同時に、林原さんから頂いた言葉のすばらしさを誰かと共有したい！　という気持ちがあったのも事実で……。なので、この本を読んでいるあなたに、こっそりお話ししちゃいました。

まだまだ私は、先輩と呼ばれるには経験不足な自覚があるので、後輩とはとりあえず、友達になれたらいいなぁと思っています。対等に意見を出し合って話が出来れば、私にもなにか出来ることがあるんじゃないか、と。

あと、実際友達になると、たとえ仕事上の経験が私より浅くても、めちゃくちゃ勉強になる考え方を教えてもらえたりもするんです。経験の多さは何より絶対的な根拠ではあるんですが、それぞれが、それぞれの環境で、全く違う景色を見て育ってきてるのですから、後輩だからって何も知らないわけでは決してなく。彼女らの世代だからこそ見えることもいっぱいあります。

たとえば、VTuber の中の人としての仕事の話とか。

VTuber の中の人って、新人声優であることが多いらしいんです。人気が伸びないと役を降ろされてしまったり、逆に一気に人気が伸びて声優ではなく VTuber としてやっていくような人がいたり。

収録のスパンや、各動画配信サイトにおける企業の着手の仕方。生配信でキャラクターとして喋る危うさや、その場でもらうコメントにどの程度反応できるか、などなど。

聞いてみるまで想像もしなかったことがたくさんありました。

新しいコンテンツができた時、まず最初に投入されるのは若い人たちです。逆に言えば、業界の最先端の情報は彼女らが持っている。更に、後輩たちはその新しいものを観て、感じて育っていますから、お芝居の表現も私にはない引き出しでトライできたりするんです。

先輩とお喋りして、憧れにキラキラするのも幸せですが、後輩とのお喋りで未知の世界の情報にドキドキするのもすごく楽しい。

そうして教えてもらったことを同輩たちと共有して、さらに先を今の自分たちの視点から考える。どの関係性も欠かせないなぁと常々思います。

# 今の私のおはなし

今の私がどんな人か……の自己分析もしてみたいと思います。

これを執筆している今、私は三十歳。二十歳になった時は大人になった感覚のなさに戸惑ったりもしましたが、流石に十年経って、大人かは分からないけれど、子供ではいられないな、とは思うようになりました。私よりも若い人たちには、まだ子供のキラキラを残しておいて欲しいから、私はみんなのキラキラを集めておける器を目指せたらいいんじゃないかな、なんて思ったんです。

大きく出ちゃいましたかね？　自分が走るので精一杯だった二十代前半を越え、後輩ができて、みんなで一緒に走ることを意識するようになりました。私の先輩たちはそうしてくれていたから。そうしているうちに、任せてもらえる役の種類も変わってきました。お姉さんや、少年、未知の生き物といった、今までの心の襞《ひだ》では想像できなかったような役を振ってもらえるのはとても嬉しいです。

日本の作品は特に、主人公が学生の場合が多いんですよね。多分、その子が成長していく様に美学があるというか、成長しきるまでの刹那《せつな》を作品に残したいという文化があるのかな、なんて思います。だから、その子を演じる役者にも、作品内での成長を求める場合が多いです。

そして主人公の成長のきっかけになるサブキャラクターたちには、主役をサポートできる実力を持つ役者が配役される傾向にあります。つまり、脇役をやらせてもらえるようになったらステップアップ！　ということなんです。

それに、メインアタッカーである主役とサポーターである脇役では実はやることが全然違うので、面白さも変わってきます。

メインアタッカーはとにかく体力勝負で、先頭で走り続けないといけません。サポーターはメインアタッカーが取り零《こぼ》した表現を拾ったり、メインアタッカーが走りやすいようにバフをかけたり、道を整えたりするわけです。サポーター同士の連携も大切ですし、メインアタッカーとして走った経験を活かして先読みする必要も出てきます。しかも、台詞の数が少ない分、与えられた限りあるターンでしっかりサポートしきらなきゃいけない。めちゃくちゃやり甲斐がある役回りですよね。

もっと言うと、サポーターを経験してからメインアタッカーに戻ると、サポーターの動きを想定しながらアタッカーもできるわけですから、アタッカーとしての腕もあが……！　あが、る……あがってるといいなぁ！

実は、声優とは直接的に関係のない仕事を受けてみようと思ったのも、サポーター力をあげたいという気持ちからでした。新しい環境は新しい景色を見せてくれますから、チャレンジしてみる価値はあるなぁと思っています。

今、自分が原案・プロデュースをしている、「YUKI×AOI キメラプロジェクト」*という企画も、そんな理由で始めました。

唐突なたとえ話なんですが、今自分が立っている水溜まりって、自分の体温で温《ぬる》くなって居心地はいいんですが、いつか干からびてしまうものじゃないですか。

だから別の水溜まりに飛び込まなきゃって思ったんです。その水溜りがどんなに冷たくても、泥水でも、本当は毒でも。自分はもう枯れてしまうほど小さな苗ではきっとないはず。そのくらい、いろんな人に大切に育てて頂きました。今度は私が支える番。そして多くを経験していた方が、対応出来る場面も増えます。

**＊YUKI×AOI キメラプロジェクト**
完全オリジナルアニメーション製作を目標として、著者が2019年に立ち上げたキャラクターコンテンツ。人の言葉から生まれた生物「キメリオ」たちの日常を描く。

事実、既に仕事に活きた場面がいくつもありました。たとえば、脚本を書く時ってストーリーの全体を中心に捉えながら各役を見ているんですが、役者は役の視点からストーリーの全体を把握しています。この感覚ってやってみないと分からなかったなぁと、どっちを担当していても思います。

また、役者として参加している際は、台本の間違いに気付いた時、指摘するのが心苦しかったのですが、自分が脚本を書いたことで、指摘されると超嬉しいということに気が付けました。だって、一生懸命書いたお話を、一生懸命読んでくれたってことじゃないですか……！　ありがとう！　あと間違えててごめん、すぐなおすね‼　ってなりました。

それから、脚本家としてディレクションを出すような場面では、なるべく役者の表現を限定しないために言い方を工夫するなど、役者だからこそ出来ることもたくさんありました。

逆に、役者だからこそ、ちょっと役者を贔屓《ひいき》したくなってスタッフさんに手間をかけさせてしまう場面もあり、学ぶことはまだ多いなと実感してます。

また、自分がキャラクターの出版権を持ったことで、その運用の難しさを嫌というほど痛感することになりました。

たとえば、なにか商品を発売する際に、プレスリリースを出したりするんですが、こちらに役者さんやアーティストさんからコメントを頂きたい場合があります。その方が掲載してくれる媒体が増えるからです。けれど、実際にそれをいつ配信できるのかが読めなかったりします。このエッセイを書いている今はコロナ禍で特に読めません。そうなると、依頼が超ギリギリになってしまったりするんですよね。役者だけやってた時は、夕方来たコメント依頼をその日の夜に返せってどういうこと⁉　と、急な依頼に戸惑ったこともあったんですが、今ならあの理由も想像することができるなぁって。流石に今日中に……みたいな依頼をしたことはまだありませんが、明日は我が身と思うと、優しくなれる相手がまた一人増える気がしました。

音声系のコンテンツを仕上げた時には、ＢＧＭを貼ったり、ＳＥ（効果音）を付けたりするプロの方から詳しくお話が聞けたりもしました。靴底は何でできてるかとか、どんな速度で歩いているのかとか、ＳＥでフィジカルのお芝居を付けていくんです。普段アフレコしている時にはＳＥは付いていませんから、これも目からウロコでした。

ＢＧＭの権利問題や、グッズのマージン。店舗特典の優遇によってお店が仕入れてくれる数や展開してくれる規模が変わってくることも、やってみないと分かりませんでした。まだ芝居に直接関係するような学びになっていないものもありますが、一緒に現場を作っている人たちがどんなことを楽しんでいて、どんなことに苦労しているのかを知るのは、腕利きサポーターの第一歩、ですよね。

サポーターに回った理由がもう一つあります。

これは結構物理的な理由です。業界でいろんな作品に携《たずさ》われば携わるほど、〝持ち役〟ってやつが多くなります。そして持ち役が増えれば増えるほど、持ち役でスケジュールが埋まりやすくなります。ヒット作があれば二期三期とアフレコもありますし、ブルーレイ＆ＤＶＤの発売記念イベント、その作品のゲームアプリやコラボ媒体、遊技機の音声収録に、キャラソン発売やライブなど、作品が終わる時まで、場合によっては終わっても続くわけです。

一度任せて頂いた役は責任をもって全《まっと》うするものですから、これらのお仕事が先に決まっていると、新規作品で主役を受けるのは、スケジュール的に難しくなるんです。主役は必然的に稼働が多くなりますからね。そこで、脇役でも活躍できる役者になる必要がでてくるわけです。

今まで出会った役たちと一生添い遂げたいし、新しい役との出会いも諦められない。だいぶ欲張りさんですね。

昔から、役を通してそのキャラクターの倫理観や哲学を自分の心に吸収する感覚が大好きなんです。どんなに幼い役でも、その子を構成するパーツというものはあります。それに触れられた時の快感には一種の中毒性があるんじゃないかなぁ。

声優は役者の中では、年齢制限がほとんどない稀有《けう》な職種です。だからこそ努力次第では、自分が歳を重ねることで、出会えるキャラクターの幅が拡がっていくんですよね。この仕事の大きな魅力だと思っています。

仕事ではない今の話も少し。

といっても……学生時代と大して変わってないんです。お絵描きとゲームが好きで、運動が苦手で、コミュニケーションにめちゃくちゃ精神的コストを使うくせに、他人が大好き。

強いて言うなら両親との関係は変わったかもしれません。両親は私にとって、尊敬する相手で、認めて欲しい相手で、愛してもらいたい相手でした。

けれど、三十歳になった今、両親は尊敬する相手で、彼らも親である前に人であると認めるべき相手で、愛情を返す相手だと思うようになりました。私がこの生で成さなければいけない最も大きな使命は、恐らく、両親を二人とも笑顔のまま看取ることです。守られている自分を、少しずつ、守る自分にシフトしていかなきゃいけないなぁと感じています。

ちょっと未来を見据えすぎましたが、これを書いている今は両親共に健康で仲良しなので、まだ試行錯誤する時間はありそうです。最近はサップ（スタンドアップパドルボード）というマリンスポーツにハマっていて、二人で旅行に出かけては、湖や海でボードを滑らせているのだとか。私も一回チャレンジしてみたのですが、なるほど見るのとやるのとでは全然感覚が違って、すごく楽しかったです。

水の音と風が気持ちいいというか。これも体験してみないと分からなかった感動ですね。

オタ活の方は、更に相変わらずです。

強いて言うなら、推す対象は移り変わるものの、新しいキャラにハマるというよりは昔好きだった子が再燃する……みたいなのを繰り返すようになりました。

　最近は周年記念作品も多いですしね。作り手も推す側の熱がぶり返すように仕組んでくれているんだなぁと感謝感謝です。昔好きだった作品を見返したりすると、当時は〝とにかく好き〜！〟って舞い上がってた感情を〝なるほど、私はこのキャラのこういう部分にこういう形で共感してこのキャラが好きだったのか〟みたいに分析できるようになっていて、より対象を愛する気持ちへの理解が深まった気がします。

　まだまだ三分の一しか遊んでいない、自分というゲームの進み具合はこんな感じです。イージーモードではありませんが、やりこみ要素が多い方が面白いですからね。

　あっ、猫が毛玉吐いたので掃除してきます。

# 「好き」を仕事にすること

ゲームが好き、アニメが好き、だからそれに関われる仕事に就《つ》きたい。

そう思って声優を目指されている方は、きっと多いかなと思います。私も典型的なそのタイプでした。スタート地点が子役だったので多くの皆さんとルートは違うかもしれませんが、好きなことを職業にしたいという気持ちは一緒なはずです。

学校でも、好きなことを仕事にしていいと習いますよね。まず、興味のあることや好きなことを目指しましょう、と。

でも実は私、これはかなりリスキーだと思っているんです。自分が悩んだからこそ、その経験をお伝えしておきたいんです。私はまだ持ちこたえているけれど、挫折してしまった人も、何人も見てきましたから。

好きなことって、お金を稼ぐことよりも貴重で尊いんです。でもね、好きなことを職業にしてしまうと、お金を稼ぐために好きなことをすることになるんです。

一見、それの何がいけないの？　と思うかもしれないんですが……。正直、どんな仕事にも理不尽なことや辛いこと、知りたくなかったことがたくさんあります。そういうことを一つ知る度に、好きなことが嫌なことに侵食されていきます。

たとえば。たとえばですよ？　たとえばね！　大好きな漫画がアニメ化することになって、そのオーディションを受けたとします。全力で取り組んだけど不合格。それが後になって、実は合格者が最初から決まっていた……ということを知ってしまったとするじゃないですか。そうすると、次にその作品の名前を見た時に思い出すのは、作品への愛じゃなくて、ぶつけようもない悔しさになるわけです。

決め打ちキャスティングはまだいい。でも、決め打ちだったのにオーディションを大々的にやっていたことにまず傷つくし、決まってたってことは自分の愛情を込めたテープ音声は全然聞いてもらえなかったのかな？　とか、そういうことを考えちゃう。そのキャスティングが、〝僕の考えた最強のそのキャラ〟からちょっと外れていたりすると余計傷ついてしまいます。

もっというと、悔しさのせいで、全然役者さんのお芝居はぶれていないのに粗探《あら》しをしちゃったりも。そんな自分は最低だから、その作品を遠ざけるようになる。

好きでいるのは幸福だったはずなのに、知らなくていいことを知ってその作品を観られなくなる、みたいなことは結構あります。そうやって自分の「好き」が削られていく感覚はめちゃくちゃしんどいです。一回や二回なら耐えられるんですけどね、いろんな作品でそういう、言い様のないネガティヴな経験をし続けると、アニメというコンテンツごと苦手になりかねない。現実は理想通りでないことが大半です。「好き」が大きいほど、反動も大きくなります。

また、こんなネガティブな理由じゃないことでも、趣味を失うきっかけになります。毎クールオーディションに受からなければ、仕事がありませんから、日々の研究は欠かせません。耳に入ってくる全ての声が明日へのヒントになってきます。

特にアニメ主体の声優であればアニメは情報の宝庫です。観れば必ず分析します。具体的なお芝居の内容はもちろん、間《ま》や、絵とのシンクロ感、他のキャラクターとの声の差別化、作品毎のお芝居の方向性などなど。これ自体はやり甲斐があるしとても楽しいんですが、趣味の「好き」とは違います。好きな部分を感じ取るだけでは職に活かせる情報には足りません。

そういう視点でアニメを観ていると、段々アニメが娯楽作品には思えなくなってくるのです。自分を形作る大好きなものだからこそ突き詰めたいという熱い気持ちで走っていましたが、気がついたらそれは趣味から義務へ変わっていました。失うものも大きいなと思います。

じゃあ何を仕事にしたらいいんだよ……って話なんですが、恐らく、得意なことを仕事にした方がいいんじゃないかと思います。

人がしんどいと言うほど自分はしんどく感じないな？　くらい些細《ささい》なことでも大丈夫。好きなことにはどうしても波と喪失が来ますが、得意なことは案外続けられるものです。

仕事は生きるための手段であって、生き方ではありません。なるべく楽な方が手段として効率的です。そして、得意なことで生活の基盤を作って、お金や時間を趣味につぎ込んだ方が、結果的に好きなものの為に生きることが出来ると思います。

アニメやゲームだけでなく、お芝居が好き、という場合でも同じです。今や誰もが発信者になれる時代ですから、脚本を書ける友達を作って、もしくは自分で書いて、それを自分で演じて、発信したっていい。万が一それをきっかけにお芝居のオファーが来たら、それはもう十二分に得意なことだと思うので役者を仕事にしてもいいと思います。

ここまで読んで、え、じゃあ悠木さん、今の仕事を辞めたいの？　とか後悔してるの？　って思った方もいらっしゃいますよね。

本音を言うと三分の一ほどは後悔しています。けれど、辞めようとは思いません。

私の場合は奇跡的に、得意なことと好きなことが一致していました。家族がいち早く得意なことを見抜いてくれたお陰で、人よりは比較的上手くできることを仕事にできたのだと思います。


実は一瞬、イラストレーターになりたかった時もあるんです。でも、あんなになりたいことは全力で応援してくれていた両親に、あんたにはイラストレーター向いてないよ、メインの仕事にしない方がいいと思う、と結構ばっさり切り捨てられて……。

その時は、どうせ両親は私を芸能人にしておきたいだけなんだ！　とプリプリ怒っていたのですが、今になると分かります。イラストレーターの友達ができ、自分も少しだけ絵のお仕事をするようになって、両親の言ってたことマジであってたー!!　と悔しくも大納得しました。

夢のないことを書いてしまいましたが、希望は捨てないで！　実は、好きなことは得意なことになりやすいんです。そのことばかり考えますし、何よりもよく観察する対象になるわけですから、他のことより深く学べます。

私は、他の人より絵を描くことが好きではあったけど別段得意ではありませんでした。けれど、自己分析は得意でした。だから、好きなアニメの業界に、得意なことを活かせる仕事で参入しています。

逆に言えば、好きなことは、たとえ仕事に出来なくたって、一生あなたの傍《そば》に寄り添ってくれます。だから、無理に仕事に組み込まなくてもいいのです。

じゃあ、得意なことがない人はどうしたらいいの？　と思う方もいるかもしれません。なにも、一番じゃなくていいのです。人と比べなくてもいいのです。自分の中で比較的楽に続けられることを基準に選ぶといいと思います。

では、どんな人が声優に向いているのか、なんですが、まず一番重要なのは毎日違うことに対応できるかだと思います。

毎日違う時間、場所、人に会って、全然違う仕事をする。毎月収入も違う。違う自分になって、違う人として生きる。これって案外継続しているとストレスに感じる方が多いのではと思います。でも私の場合は、同じことをコツコツ続けることの方がもっと苦手なので、消去法で不安定な仕事を選びました。

父などは、同じ時間に起きてルーティンをやり遂げ、同じ時間に会社に行って同じ時間に帰ってきます。それを何十年も変わらず続けていることを本当に尊敬します。しんどくないの？　と聞いたこともあったんですが、しんどいけど、毎日変化する仕事の方がしんどそう、と返ってきて、得意なことが私とは真逆なんだなぁと思いました。

次に、自己肯定感を保てる人であること。声優は最早裏方の仕事だけではありません。紅白歌合戦に出ちゃうような人たちだっているわけですから、立派に表舞台に立つお仕事です。表舞台に立つと、顔の見えない暴力に怯《おび》えて暮らす生活がはじまります。もちろん自分の未熟さ故《ゆえ》に頂いた貴重な意見も多々あるんですが、ここで重要なのはどっちが正しくてどっちが間違っているのかではなく、心をボコボコにされても自分を信じて立ち上がる力を備えているか、です。

筋の通った批判も、根拠のない暴言も、最初に心に届いた時、傷つくことには変わりありません。それが、受け入れるべきアドバイスなのか、無視していいものなのかを正しく判断するためにも、自分を愛し、肯定し、冷静に相手を受け入れていかないと、ですよね。これは今書きながら、自分に言い聞かせている項目でもあります。

ちなみに自己肯定感は後からでも伸ばすことのできる能力。今はないなぁと思っている人でも、自己肯定感アップを意識して生活してみるといいかもしれません。自分に自信がなくても、いい友達に囲まれているとか、親に恵まれているとか、そういうことでもOKです。

要は、自分の心を安定させられれば、どんな手段でもいいんです。自分を愛す力は、たとえ声優にならなかったとしても、一生あなたを守ってくれるはず。

ちなみに私は、今日の自分の偉かったことや良かったことを英語で日記に書く、というトレーニングを続けています。まず英語で日記つけてるのが偉くないですか？　超えらーい！　思いつかない人は、頑張って生きた！　とか、日記を書けた！　とかだけでもいいんです。一日の終わりに日記書かなきゃな……と頭の片隅で考えていると、案外、（あ、今私偉かったかも！）ってことが見つかったりする日があります。やってみてね。

そして最後は、自己プロデュース力、です。

声優は俳優と違って、自分で自分を演出しないといけない場面が多いです。俳優の場合は、役者ごとにマネージャーがベタ付きしていて、仕事や衣装を選んだり、この先どんな活躍をしたいかを一緒に考えたりと、事務所によるプロデュースがあるんですが、このシステムがある声優事務所は稀です。

だいたいの声優事務所ではマネージャーは担当の営業先毎に付いていて、役者には付いていていません。だから、自分の仕事の全てを把握している人は、自分だけって場合も。

そうなると、どの仕事をどんな分量で入れるのか、どんな役をどのタイミングで公表できるのか、その役を受けた場合の見え方はどんな感じか、なんてことを自分で考える必要があります。

あ！　もちろん事務所にもよりますし、担当マネージャーがつかない事務所でも、相談には乗ってくれます！　でも、最終的な見せ方を決めるのは自分です。

特に今は、ＳＮＳや配信も自由にできる時代ですから、自分自身を誰に、どのように、見せていくかを客観視する能力は不可欠だと思います。

私はこれが結構楽しめるタイプです。自分を使った大実験をしてる感覚というか。

当然失敗もするんですが、楽しめているのでＯＫかなと。自分実験のスリルを楽しいと思えるマインドがある人は、声優業を長く続けていけるんじゃないでしょうか。

え、必要なもの、芝居のセンスとかじゃないの⁉　って思われましたでしょうか。

確かに、それがあったら絶対強いです。でも、前述した通り、仕事は継続が重要。センスだけでは継続できないんです。逆に、継続さえできれば、役の積み重ねでセンスは磨かれます。

まず、自分が武器にできるものを、どんなに弱くてもいいので見つけて、それを活かせる方法を探してみてくださいね。

心が折れそうになっても大丈夫。あなたには、大好きなものがあるはずです。あなたの「好き」を大切にしてあげてください。それは不変の宝物だから。

# 悠木碧式ルーティン

好きなことを仕事にして、もう後戻りもできない。だったら、とことん浸《つ》かってやろうと腹を括《くく》りました。そうして、「キメラプロジェクト」のプロデュースや、エッセイの執筆なども始めることにしました。停滞していると、目減りしていくものに目がいって不安を煽《あお》られますから、走ることで新たなものを得てやろうと思っています。

今思えば学生時代から二足の草鞋を履き続けていた理由は、これが大きかったのだと思います。未来への不安は職業も年齢も性別も関係なく、みんなが漠然《ばくぜん》と抱えているものです。つまり、どんなに時を重ねても、どんな功績を築いても、未来が不安にならないことはないのです。何らかの形でそれを払拭《ふっしょく》しないと楽しく生きられませんよね。私は、とりあえず走ってみて忘れるという、なんとも単純な方法に出ました。

結果は上々、いつもビックリするくらいバタバタしていますが、前を向いて生きることは出来ています。メインジョブの声優を基軸に、プロデュースをしてみたり、デザインをしてみたり、脚本を書いてみたり作詞してみたり、エッセイを書いてみたり。現状ではギリギリ回っています。

よく聞かれるのが、どうやって時間を捻出《ねんしゅつ》しているのか、ということです。これ実は私にもよく分からなくて……。一つ言えるのは、私のスケジュールは事務所の方や編集さん、いろんな方々が気を遣ってくれているということ。

でも、彼ら曰《いわ》く、それだけじゃ回らないらしいんですよね……。

ということでこの場を借りて、自分の一日のルーティンを思い返してみようと思います。毎日バラツキのある仕事をしているので正確なルーティンはないんですが、ざっくりとした決まりはお話しできるかと思います。

朝、起きたらまずパズルゲームをします。脳を活性化させないと、二度寝の誘惑に勝てないからです。どんなものでもいいんですが、私が最近ハマっているのは、散らかった部屋から同じものを三つ探していくゲームです。寝起きでやるにはちょうどいい塩梅《あんばい》のゲームで気に入っています。この段階で起きられない場合は、ガムを噛んだり音楽をかけたり、いろんな方法で自分のテンションをあげていきます。

何となく目が覚めたら目薬をさして、水を飲んで、事務仕事を終わらせます。夜中に来ていたＬＩＮＥやメールに返信をしたり、留守番電話を聞いて、一日のどの辺でなら折り返せるかを計画したりします。

インタビュー記事の文言や写真のチェックなどもこの時間に済ませます。インタビューのチェックは特に問題ないのですが、写真のチェックは意識が朦朧《もうろう》としている時にやった方がいい気がしています。人間の見た目に100点なんてありませんから、拘《こだわ》りすぎてしまうと一生終わらないんですよね。

それから、各作品の収録で必要な資料などを纏《まと》めてiPadにぶち込んでおきます。アニメアフレコ以外の仕事はほとんどiPadで行っているんです。理由は、紙資料が多すぎると間違えたり忘れ物をしてしまうから……です。

私は子供の頃から忘れ物の多い奴でした。ある時、教科書を全部持って行けば忘れ物をしないということに気付いてからは、毎日全教科持って行って、持って帰ってを繰り返していました。めちゃめちゃ重かったです。今はiPad一台分の重さで済みますから、本当に時代と技術に感謝しています。たまに充電を忘れるという致命的なミスも犯すので、もう一台旧型のiPadを常に充電しておくことで、カバーしていています。電話やメール、スケジュールシステムで貰った日程情報をスケジュールアプリに登録し、昨日の晩から溜《た》めておいたタスク表を確認して、どの時間にそれらをこなせるかを計画します。朝のツイートもこの辺でしておきます。

こんなことをやりながらスープを温めて、卵を焼きます。だいたい朝ご飯はスープと卵とヨーグルトです。朝からガッツリ仕事だなって日はご飯かパンも食べたりします。

ちなみに我が家のキッチンは、猫がめちゃめちゃじゃれて来る仕様です。アキレス腱をしっかりディフェンスしながら準備します。

ご飯を食べたら、仕事に向かいます。仕事が朝からじゃない日は、病院や歯医者、整体などに行って、なるべく体調を崩さないようにしています。体が強い方ではないので、おや？　と思ったらすぐ病院に行っておかないと、だいたい大失敗します。どうしても病院に行けないスケジュールの時に風邪っぽいな？　と思ったら、肩甲骨の間にお灸《きゅう》を貼って、「R‐1」と「キレートレモン」を飲みます。これは先輩に教えてもらった方法で、なぜかめちゃ効きます。お試しあれ。でも、あくまでも応急処置なので、ちゃんと病院には行きましょう。

現場に向かう車の中で、今日の仕事の予習と、翌日の仕事の確認をします。それが早く終わったら、長尺のゲームなど読み込みが必要な台本チェックをします。スケジュール的に取り掛からなければいけない原稿や、提出期限の迫ったイラストなどがあった場合はそちらを優先します。車の中で絵を描くの⁉　って感じだと思うのですが、あくまで揺れてでもできる範囲の作業だけです。あ、私は三半規管激ニブなので、滅多に気持ち悪くなったりはしないんですが、人によっては体調を崩すのであまり推奨はしません！

現場に着いたら粛々《しゆくしゆく》と仕事をします。毎日違う場所、違う人たち、違う時間、違う内容で仕事をするので、ここにルーティンはありません。

終わる時間や場所もまちまちなので、終わった時間によって次にできることが変わってきます。一日にどのくらいの移動と現場が入っているかもその日によるので、毎朝一日のスケジュールを立てています。もちろんピッタリその通りに行くことはないんですが、指標を全く作らないよりは動きやすいです。終了時間が決まっている現場でも、予定より早く終われば早く解放されますから、次の現場まで喫茶店で作業をしていたりします。どうにも疲れが抜けない時はカラオケやネットカフェで仮眠をとったりもします。チェーンのマッサージ店とかもいいです。撮影が必要な案件が控えている場合などは、この合間に美容院やネイルサロンに行きます。それから、事務所に台本をとりにいったりもします。

そんなこんなで夜まで現場に詰めて、帰宅。

荷物を置いて手洗いうがいを済ませたらまず運動します。まったりしちゃう前に身体を動かしておかないと、絶対やらなくなっちゃうんですよね。筋トレの中では、私は割とプランクが好きです。可能な限り地面に張り付いています。しんどいけどやった分、翌日お腹《なか》から声を出すのが楽になるというか……。他にも、スクワットや『フィットボクシング』など、一時間くらい身体を動かします。

有酸素運動を入れるとだいたい汗だくになるので速攻でお風呂に入って、それから夕飯を食べます。実家暮らしでご飯は作ってもらえているので、温めるだけで食べられるのが有難いです。時間的に家族一緒に食べることは出来ない場合がほとんどですが、私は夕飯を食べ、両親は録画したドラマを観て、何となくリビングで一緒に過ごします。猫も一緒です。お互いにその日あったことなどを報告し、やんやくだらない話をします。

何となく解散のムードになったら、台本チェックなど、翌日の準備をします。それが終わったら自由時間です。ゲームをしたり絵を描いたり、羊毛フェルトを作ったり、フィギュア棚を飾り直したりします。提出物の期限が差し迫っている場合は、自由時間を制作に当てたりもします。そうこうしていると眠気がＭＡＸになってくるので、歯を磨いて寝ます。

書きながら思ったけど、特殊なことが全然なくて申し訳ない……。

強いて言うなら、やることに優先順位をつけてスケジュールを立てて、なるべく迷わず次やることを決めたがってる感じはありますね。

メールやチェックバック*なども同じで、なるべく瞬発力で判断するようにしています。もちろん、いい加減なことを返すのは良くないので、判断するための材料を取り込むことはちゃんとしますが、材料が揃ってしまえば、勘と瞬発力で選ぶものが一番いい結果を出してくれる気がします。不思議なことに、こねくり回した時ってだいたい出来上がりも微妙なんですよね。必要ない迷いを消していくことで、必要な部分でちゃんと迷うための時間を捻出しているのかもしれません。

偉そうなことを言いましたが、繰り返すと、決して一人で出来ることではなく、

**＊チェックバック**
特に映像業界において、制作物をクライアントや管理者が確認し指示を出すこと。

家族やマネージャーさん、編集さんなど、いろんな方に支えられてようやっと何とか回せている状態です。私と働くのを楽しいと言ってくれる人たちがいることに心から感謝していますし、その人たちのためにもまだ走れるだけ走ってみたいと思っています。

と、うまくまとめようと思ったのですが、ふと思いました。

私よく、気に入った映画をほぼ毎日映画館に観に行ったり、新作のゲームを三日で終わらせたりしてるけど、このルーティンの中でどう時間捻出してるの？　って。

これがね、分からないんですよ。どうしてるんだろう。ここ、自己分析を続けたら更に時短できる部分かもしれませんね。

# 推しごと篇

# オフの日だってある

ここまでひたすら仕事のことについてつづってきましたが、仕事から離れて、オフの日にどんなことをしているのかも書けたら楽しいかなと思います。

正直皆さんの想像の域を出ない、大変ありきたりな日常なんですが、それもまた実態ということで。

だいたいオフの日はベッドの上でぼんやりしています。メールもＬＩＮＥも電話も基本的にはお返事しません。タスクリストにつけて、翌日にお返事します。

仕事のスイッチって一度入ると切るのが難しいので、お休みの日は何にもやらないことにしています。仕事がなくても、いつもと同じ時間に目が覚めてしまいますが、オフの日は二度寝ＯＫ、朝食抜きＯＫ。寝疲れたらTwitterを見て、映画を観て、お絵描きして、ゲームもします。時間を贅沢に使って、可能な限り怠惰《たいだ》に生活します。

基本インドアなので、約束がない限りは家から出ません。肩が痛くなったりしたらラジオ体操をします。そして仮眠をとります。お腹が減ったら宅配でサラダを頼んで食べます。オフの日はあまりにも運動量が少ないので高カロリーなものは避けているのです。

と、これは締切に追われていない休日の話です。夏休み前や年末など、現場が納期に追われている時や、新刊が発売する前、イベントが立て込んでいる時、一クールに仕事を詰めすぎてしまった時などは、悠長にしていると本気で締切をぶっちしてしまうので、休みの日に遅れを取り戻します。

具体的には、タイマーをかけてガツガツ仕事をこなして行く感じです。まずは前日にタスクリストと相談しながら、時間配分を決めます。

ポイントは、同じ仕事ばかりしないということ。自分の飽きっぽい性格はよく分かっているので、九十分毎にタイマーをかけて、メールチェック→脚本執筆→イラスト制作→台本チェックみたいに、あえて脳みその違う部分を使う仕事をやることで、休日も働いている感を薄れさせます。

限界しんどい〜！　ってなったら散歩にでます。イヤホンの中をJAM Project*さ

＊JAM Project
2000年に水木一郎氏の呼びかけで設立されたアニソン歌手グループ。主なメンバーは影山ヒロノブ氏、遠藤正明氏、きただにひろし氏、奥井雅美氏、福山芳樹氏など。

んの曲で満たして三十分くらい散歩すると、俺は勇者だから世界のために仕事しなくちゃ……という気持ちになれます。マキシマム ザ ホルモン*さんも好きです。仕事仕事仕事仕事仕事仕事仕事仕事仕事死後も仕事ィアアアア‼ みたいな気持ちになれます。アドレナリンが出るとすっきりするので、普段から激しい曲ばかり聞いてしまいます。ＢＰＭの早いアニソンやＪ-ROCKが私の味方です。そして家に帰ってきたらまた作業に戻ります。これらが早く終われば理想のぐだぐだ生活に一気にシフトして、動物園のパンダやライオンの如く時間を貪《むさぼ》ります。

まぁ、仕事は継続なので、何もない日というのは結局ない気もしますが、この業界ではそれはとても有難いことなので、求められる限りは働いておくべきかなと思っています。だいたい社会人、あとは動物としてオフを過ごしています。稀に、本当に疲れきってしまった日は何もかもを忘れてひたすら眠ったりもします。淡い罪悪感と翌日への焦りを抱えつつ、睡魔に身を任せる背徳感が最高に気持ちいいです。

ここまでの過ごし方は、約束を作らなかったオフの日のものです。私は割と貪欲でして、友人とも遊びたかったりします。遊園地に行きたいし、カラオケも楽しいし、映画も観に行きたい。オシャレなアフタヌーンティーやショッピングもしたい

**＊マキシマム ザ ホルモン**
1998年に結成されたロックバンド。メンバーはマキシマムザ亮君氏、ダイスケはん氏、上ちゃん氏、ナヲ氏。

し、旅行にも行きたい。コラボカフェに行かなきゃだし、イベントにも参加したい！　もちろん一人で行ってもいいんですが、私は友人と行く方が好きです。

理由は、予定調和が崩れるから。

仕事でもオフでも、一番面白い瞬間って予想を覆《くつがえ》された時なんです。

数年前、友人たちと京都旅行に行ったのですが、この旅は初っ端《しょぱな》からハプニング続きでした。新幹線の出発時間十分前になっても、私ともう一人しか駅に来てなくて、他の人は全員遅刻。ギリギリまで待って、吐きそうになりながら新幹線まで走って、何とか乗ったらチケットをなくしてる子がいて、またハプニング。一人乗り遅れた子を京都駅で待って、駅の中で迷って合流出来ずまたハプニング。着物の着付けの予約時間に間に合わせるために何とかタクシーを捕まえて……とか、一人では絶対お目にかかれない緊急クエストが次から次へと湧き起こってくるじゃないですか。ほんとめちゃくちゃ楽しくてずっと笑ってました。

旅行先の景色や文化を楽しみたい場合は一人で行きますが、娯楽のために行くなら、しっかり練ったスケジュールを誰がどうぶち壊してくるかを楽しみにしている側面があります。なんならそのために予定を立てている気すらします。

とはいえ遠征する企画はスケジュールを空けるのが難しく、そう簡単には実行できないので、実際には都内で遊ぶことがほとんどです。

このエッセイを書いている時点ではまだコロナが収束していないので、映画を観に行くことが多いかなと思います。そのあと、友人の家にお邪魔してご飯を食べながら感想を語り合ったり。

コロナ前はカラオケとかもめちゃくちゃ行ってました。『あいつこそがテニスの王子様』をフリ付きで踊れる友人。あと、普段おっとりしてて比較的声も小さめなのに、JAM Projectさんの曲を歌う時だけ音量120になる友人も最高なので絶対誘っちゃいます。

それから、レンタルルームを借りて上映会をしたこともあります。誰かの推しのライブDVDや応援上映したら楽しそうな映画を流して、セルフ応援上映とかも盛り上がります。部屋を暗くしてタンバリンを打ち鳴らし、サイリウムを光らせるとめちゃくちゃ楽しいです。ハロウィンパーティーやクリスマス会など季節の遊びもします。お昼は期間限定のかわいいビュッフェにみんなで参加して、夜は飲食可能なレンタルルームにご飯を持ち寄り、気合を入れて仮装して、みんなで写真を撮って盛り上がります。

各々《おのおの》のイメージする魔女のコスプレ……みたいな真面目なものから、ダサい服選手権まで色々やりました。みんなの渾身《こんしん》のダサいコーディネートがどれもダサすぎて、一位を決められませんでした。ちなみに私は、ペパーミントグリーンにラベンダーカラーの星がランダムプリントしてある起毛したパジャマの上に、ピチピチのシマシマビスチェ、蛍光黄色のフリルスカート、薄ピンクの縦縞タイツという格好で挑みました。なんでこんなもん持ってんだ？　と思ったものを片っ端から集めて身につけました。ダメです、絶対に写真はお見せできません。

クリスマスは作品コラボケーキをみんなで食べながら、夜通しスマブラをしました。三位になった人から風呂に入れるというルールで、順番に風呂に入っていました。

ストーリーモードが短めのゲームを一晩でクリアする会なども楽しいです。最後はタイムアタックになってストーリーどころではなくなるんですが、積みゲー消化のいい機会になったりします。全然違うジャンルの推しを持つ人たち同士で集まって、推しプレゼン会とかも盛り上がりました。アイドルや歴史上の人物、音響機器などなど、多種多様な推しが集まるカオスな会でした。

みんな資料が凄すぎるし、プレゼンが上手くて、そこも面白かったです。

そんなわけで、友人と約束をした休日はこれでもかというほどに遊び倒します。コロナが流行する前までは割と大人数で遊ぶことも多かったです。この本が皆さんのお手元に届く頃には落ち着いているといいなぁ。


そんな私ですが高校生くらいまでは、そこまで友達が多い方ではありませんでした。というのも、私の友達の定義がめちゃくちゃ厳しかったんです。

どんな場所でどんなことをしても一緒。秘密はなくて、ニコイチじゃないとダメ。ニコイチって言っている以上一度に一人しか友人を作れません。当時はそれが真っ当な友人関係だとすら思っていました。

けれど大学生になると、それぞれが違う講義をとっていますし、私の場合は仕事で学校にいられないことも多かったため、ニコイチを維持するのは難しくなりました。大学生活の最初の方は、一人でお弁当を食べたり、講義を受けたりも。

そういえば、よく言う便所飯、みたいなことはしたことがないです。あれって、一人でお弁当を食べているところを見られるのが恥ずかしいから隠れて食事をする、ということらしいんですが、私は一人を恥ずかしいとは思っていなかったので、堂々とぼっち飯をカマしていました。

とはいえ、一人って本当に悠々自適で予定調和なんです。それだけじゃ飽きてしまう。そこから私は、楽しいことを共有できる人は全員友達と定義付けることにしました。また、やることによって誘う友達を変えるようにもなりました。

たとえば、映画を観に行くと最高に楽しい友達、たとえば、遊園地に行くとめちゃくちゃ効率的なまわり方を教えてくれる友達、ネットゲームをやると頼りになる友達、旅行に行くと最高のハプニングを起こしてくれる友達……などなど。

好きなことや得意なことは人それぞれですし、その個性によって巻き起こされる楽しいことも変わってきます。一緒に遊ぶ友人同士の関係性でも起こりうるハプニングが変わるから、どんなチームを作れるかも重要です。

稀にどんな人選でどんな遊びに誘っても絶対超面白い人、いわば友達の達人、オールラウンダータイプもいますが、超レア。その子に依存しないように注意しなきゃと思っています。

同業者の友人もいれば、大学の時の友人や、ネットゲームで知り合った友人など、その出土場所は様々です。でもみんな、それぞれにいろんな才能にあふれていて面白くて、常に想定しない楽しさを共有してくれる素敵な存在だと思います。私も彼女らにとって、面白い友人でいられたらいいなと思うので、次の休日はどんなエンタメを仕掛けようかなと画策するわけです。

# 私とオタクと推しと

推し活も、私の人生の中で欠かせないパーツです。幼稚園でセーラームーンに憧れてから今に至るまで、推しがいなかったことのない人生です。

推しが活躍するコンテンツを遊び尽くし、そこで出てきた知識を身につけ、コラボカフェやイベントに参加し、グッズを買う。推しがいるだけで生活は一気に豊かになります。

いろんな推し方のオタクがいると思いますが、私はいくつかのジャンルを掛け持って推しているタイプです。私はこれを並列オタクと呼んでいます。

逆に、一つのジャンルのみを一生愛し続ける人を直列オタクと呼んでいます。直列オタクからすると、並列オタクが飽きっぽく見えるかもしれないんですが、飽きちゃったわけではなく、今一番ホットなジャンルが巡る……みたいなイメージです。季節が巡るように。季節によって同じ畑でも育つ作物って違うじゃないですか。あの感じ。

本当に稀に、自分の解釈が公式からズレていたことに気付き、離れるジャンルもありますが、それでも嫌いにはなれないものです。うちの畑の土が合わなかっただけといいますか。そんなわけで私は推しの四季（四つとは言ってない）を楽しむ生活をしています。

推しへの愛情の形も人それぞれですよね。恋人のように推す人や、スポーツ選手のサポーターのように推す人、プロデューサーのように推す人、神様として信仰する人。どの気持ちも分かりますが、私の場合、一番多いタイプは信仰型かなと思います。推しを別次元の神聖な存在として崇めがちです。

私の推しは主に二次元キャラクターです。故に、二次元でしか有り得ない良さを持つにもかかわらず、三次元でも共感できる部分を兼ね備えた存在を、つい信仰してしまうんですよね。

繰り返しますが、恋愛タイプやサポータータイプ、プロデューサータイプの方たちの気持ちもそれぞれ分かります。なんなら、推しによっては私も信仰以外の愛情に傾くこともあったりするんです。それぞれの愛し方があっていいですよね。

特に私は、私自身もコンテンツですから、ファンの皆さんが向けてくださる様々な愛情を日々感じています。毎イベントラブレターをくださる方、私の考え方をめちゃくちゃポジティブに捉えて全肯定してくださる方、私のお芝居がもっと良くなるようにたくさん考えてくださる方、本当にいろんな方がいらっしゃいますし、どの愛も有難いです。

自分がオタクとして推す側にいる時は、こんな大型コンテンツにおいて、私の応援は推しのためになっているんだろうか……と不安になったりもするのですが、そこは役得といいますか、少なくとも自分が推される側である時はめーーっちゃくちゃ助けられてます。二次元じゃないぶん、かなり直接的に助けられてます。コメントの一行、手紙の一通、いいねのワンプッシュがある限り、まだやれるぞと自分を鼓舞できるのです。

これね、ホントのホントです。誰かを愛し、その気持ちを愛する対象に表現しようと思えるって、とっても素敵。

みんな違ってみんないい。私とオタクと推しと。　　ゆうきあをい。

話は変わるんですが皆さん、推しが推しになった瞬間っていつですか？　可愛い仕草を見つけてしまった時でしょうか？　目が合った時？　ストーリーで非業の死を遂げた時？　とにかく美しい顔面を見てしまった時？　その子に自分が共感出来た時？

オタクの数、コンテンツの数だけ、出会いのエピソードがあるはずですよね。過去に、ＣＤのリリースイベントで、私が演じたキャラクターの中で一番好きな子を教えてください、と質問をしたことがありました。同じキャラでも人によって出会い方が違いますし、それぞれのエピソードに熱が籠《こも》っているのを感じられて、凄く興味深かったです。皆さんの深淵を覗かせてもらった気がしました。

ちなみに、たくさん推しがいる方の場合、推しに統一性ってあるでしょうか？たとえば、ルックスからくるもの、属性からくるものなどなど。固有のカテゴリーで性癖にヒットしてくる場合ってありますよね。

私はこれがすごく分かりにくい人で。ケモノ、少年、少女、マッチョ、メガネ、イケメン、お姉さん、ロボット。性格も、弟系、毒舌系、クール、やんちゃ……と、様々なんですが、この本は冒頭に自己分析を掲げて書き始めたので、どんなにくだらない心理も一回読み解く努力をしてみようと思います。

ということでちょっと考えてみました。私が出会ったその子を推しだと思う瞬間っていつなんだろう、と。

いろんな推しと出会って来たのですが、実は、第一印象からあなたに決めてました！ってパターンには出くわしたことがないんです。

つまり、あまりルックス的な縛りはないっぽい。それこそ、ケモノからマッチョまでなんでも好きです。ただ、そのガワにはそのガワであるためのストーリーが欲しいなとは思っています。可愛い・カッコイイではなく、その子たちの佇まいがそうなるまでのストーリーを感じられるようなデザインだと、ビンビンきちゃいますね……。そうなってくると内面かな？　と思うのですが、性格にもかなりバラツキがある。これも、その性格に至るまでのストーリーこそが私の信仰心をそそるからなのかな思います。どのような経緯でその性格に至ったのか、性格と出来事が飛躍せず結びついているか、などが高エモポ（高いエモポイント）に繋がっている気がします。

とはいえこの性格の連綿性に関しては職業上、かなり無理のある設定でもどうにか解釈して繋げることが出来てしまうので、人に話すと理解されにくかったりもします。

めちゃくちゃ余談ですが、今までの推しについて考えているこの時間、脳内に大好きなものがいっぱい浮かんで幸せですね。
話を戻します。こうして何とか共通点を探っていった結果、見つけたんですよ。今までのどんな推しにも共通するポイント。つまるところ私の性癖。それは……

〝生きるのが下手〟

これに尽きる気がしています。それを選んだら絶対あなたが一番傷つくじゃない！　っていう選択肢をあえて選んでしまう不幸体質。それが、愚かさ故でも、気高さ故でもOK。そんな、生きるのが下手っぴな子が好きです。最初はギャップ萌えってやつなのかな？　とも思ったのですが、絶対やらかすぞ……っていうタイプの子が期待通りやらかしてくれるパターンも大大大好きなんです。二次元のキャラクターは人の憧れを元に生み出されますから、現実の人間より優れている場合が多いはずです。長所がぐんと誇張して描かれ、私たちは彼ら彼女らの長所に憧れ、尊敬を抱きます。そんな優れた彼ら彼女らが、長所を特化させすぎた結果生きにくくなってるっていうのが、最高……。

たとえば、痛覚はあるのに卓越した生命力を持つために自己犠牲に気付けないとか。優しすぎてみんなの気持ちが分かるから選べずに一人で苦しんでいるとか。自分の能力を大事なモノに生かしたいのにオーバーフローさせてしまいそのモノ自体を壊してしまうとか。天真爛漫《てんしんらんまん》すぎて何にでも首を突っ込むからいつも怪我してるとか。

程度はまちまちですが、現実の人間では有り得ないピーキーな設定、超越者だからこその苦しみが、儚《はかな》い……！　自分の苦しみに気付いているタイプも、気付かないタイプも愛《いと》おしいです。

欲を言えば、最終的に自分の選んだ道に満足してくれているともう、私の中の全私がスタンディングオベーション。会場が沸いています！　激推し確定！　失ったことで学んで立ち上がるのか、気高さからとった行動のため最初から後悔などなかったのか。

生きるのが下手すぎて全てを失い、更地になった場所から、彼ら彼女らがどんな新しい宝石を見つけてくれるのか。現実の人間には決して放つことの出来ない輝きを見せて欲しいのです。そのストーリーに、私は信仰を捧げたいのです。

他人から見たら圧倒的なバッドエンドでも、本人にとってはハッピーエンド。

そう！　メリーバッドエンドの業を背負ったキャラクターが！　私は大好きだー！　好きすぎて昔、メリーバッドエンドをテーマにしたミニアルバム*を作っちゃったほどですからね。ブレない性癖なんだなぁと思います。

今、追記しておかないと後々大勘違いを呼ぶぞと、背筋に冷たい予感が過《よぎ》ったので一応書いておきたいんですが、もちろん三次元を生きる人々には、紛《まご》うことなきハッピーエンドを生きて欲しいと思っています。二次元と三次元は全然違うものです。空想には空想の、現実には現実の良さがあります。別のものじゃないと、わざわざ現実を生きる人たちが空想をする意味がなくなっちゃいますからね！　区別はとっても大事。

ここまで、推しへの愛情について自己分析してみました。

本来、推す時にこんなにごちゃごちゃ考えたりはしないですが、好きな対象をなぜ好きなのか、好きな対象をどう捉えて応援しているのかを考えることで、見えてくる自分もいるよなぁと実感しています。

そしてこういった感覚的なものを、なるべく齟齬《そご》なくお伝えできる文章にするの

**＊メリーバッドエンドをテーマにしたミニアルバム**
2013年にフライングドッグより発売された悠木の２枚目のミニアルバム、『メリバ』のこと。

は難しいですね。そうそう、これは現時点での私の推し感です。もしかしたら十年後、二十年後はもっと違う性癖を抱えているかもしれません。

幼稚園や小学校の頃は、推しに、憧れと完璧さを求めていたように思います。なりたい自分を投影して応援していたはずなんです。いつからか応援対象は、憧れのなりたい自分ではなく、応援したい他者に変わっていました。

もしかすると、推しは、今の自分を一番顕著に表すものなのかもしれません。

あなたの推しはどんな子ですか？　どこに惹かれ、どう応援していますか？

あなたも私も、この先どんな推しと出会えるのか。また、今出会えている推したちにどんな推しごとができるのか、楽しみですよね！

とにかく全ての推したち、生まれてきてくれてありがとう……圧倒的感謝。私も、一人でも多くのオタクたちの推しの声を担当できるよう、日々精進していきたいです。

## ケモノの目覚め

推しの話をもう少し具体的に分析してみようかなと思います。人に言われるまで自覚はなかったのですが、私は所謂《いわゆる》「ケモナー」というやつらしいのです。ケモナーとは、人ではなくケモノの要素を多く残したキャラクターが好きな人たちを指します。確かに、子供の頃好きだったキャラクターたちの大半は、人というよりケモノに近い形状をしていたかもしれません。そういうコンテンツが周りに多かっただけな気もするのですが、それを私たちは運命と呼ぶ……。

私が初めて好きになったケモノキャラクターは、ソニック・ザ・ヘッジホッグでした。みんな大好きゲーム会社SEGAのマスコットキャラクター！　音速で走る青いハリネズミです。シンプルながらもめちゃくちゃクールなデザインは、子供心にもしっかり刺さっていました。ソニックは長寿作品のため少しずつ形を変えながら様々なゲームになっています。ソニック自体のデザインも変化しており、「クラシックソニック」「モダンソニック」なんて分けられ方をしていたり。

クラシックソニックはドット絵の、登場初期のソニック。丸っこくて表情豊かで愛らしいデザインです。ゲームも横スクロールのシンプル操作！　でもシンプル故にプレイスキルを要求される高難易度作品であったため、今もゲーム自体のファンが世界中にいっぱいいます。ストーリーや、ソニック自体の台詞などはないものの、キャッチーで可愛いデザインなのでキャラクター自体も人気があり、今でもグッズがいっぱい出ます。

モダンソニックは、ドリームキャストで発売された『ソニックアドベンチャー』を皮切りに開発されてきた、３Ｄモデルのソニック。こちらは今までのまるかわ系デザインを一新したスタイリッシュなソニックで、ゲーム自体も、クールな音楽と重厚なストーリーで構成されています。新しいファンがたくさん増えたシリーズ。ソニック自体も喋るし考えるし、行動する。プレイヤーの分身としてだけでなく、ソニックという人格もしっかり表現されています。私はモダンソニックから、ソニックを好きになりました。

といっても、最初の出会いはクラシックソニックでした。我が家は両親、特に父はゲームが大好きです。父の友人たちもゲームが好きだったこともあり、なんと私が生まれて初めて貰ったプレゼントはソニックのぬいぐるみ！

あ、ちなみに実は、ソニックと私はほぼ同い年なんです。我が家には、そこそこの大きさのソニックのぬいぐるみと、新生児の私が並んでベッドに寝かされている写真が残っています。その時はまだソニックのぬいぐるみより小さかったです。

結構大きくなるまでそのソニックは私のお気に入りでした。ぬいぐるみより大きくなってからは、トイザらスで買ったお人形さん用のベビーカーにソニックを乗せ、とんがった鼻にキラキラのぽんぽんが付いた髪ゴムを結び、首にスタイをつけ、お人形「ぽぽちゃん」の、傾けると飲んだ感じになる哺乳瓶でミルクを飲ませていました。

もちろん当時の私は純粋な気持ちでお母さんごっこをしていただけですが、無意識にソニックを相手取って赤ちゃんプレイを強要し、ごっこ遊びに付き合わせていたんだと思うとなかなか、ね、うん。素養はあったんでしょうね。

私の可愛い赤ちゃんだったソニックは、その後『ソニックアドベンチャー』という革新的ゲームによって、実はとんでもなくクールなヒーローだったことが判明します。

そう、ここでモダンソニックと対面するのです。私は小学校二年生くらいだった

と思うので、ソニックはずっとずっと大人。優しいけど自由奔放《じゆうほんぽう》で掴みどころがな

く、ヒーローなのにヒーロー然としていない、己の楽しさと世界の平和が合致した

場合のみ力を貸してくれる気紛《きまぐ》れさがめちゃくちゃカッコイイ。

そして私は、そんな相手を赤ちゃんにしてたんだ……と、なんとも言えない気恥

ずかしさを抱える羽目になりました。しかし同時に、親に言えない暗い喜びみたい

なものも感じていたのです。

自分より弱い存在に赤ちゃんとして扱われ抵抗できないヒーローの図。なんか

……グッときたんですよね。少しずつ、着実に、ケモナーの気質が心に根付いてい

きました。

更に、私のケモナー度に拍車をかけたのは、『ソニックアドベンチャー』の次作、

『ソニックアドベンチャー2』に登場する、ライバルキャラクター、シャドウ。彼

が私に、ケモノ萌えを明確に自覚させた主犯でした。

自由奔放だけど社交的なソニックとは対照的に、シャドウは過去に縛られ、冷酷でなかなか心を開かないキャラクター。ソニックと同じくハリネズミで、足の速さも同じ。体色は黒と赤、目つきも鋭いです。初めはソニック贔屓《びいき》だった私は、シャドウに半ば敵意すら抱いていました。しかし、ストーリーを進めていくと、なんだかんだ優しい部分や、心を閉ざすのに十分すぎる凄惨《せいさん》な過去、その体に隠された秘密などが判明していきます。幼少期の私は、嫌いとか言ってごめんね！　と一気にシャドウ大好きっ子になりました。

シャドウにもシャドウなりの事情があって、優しくなれなかったり、強がらないといけなかったりしたんだ……と分かってからもう一度プレイすると、ストーリーはもちろん、ダメージボイスやムービーの細かい仕草に至るまでめちゃくちゃ愛おしくなってくるんですよね。

このゲームはそもそもの作りがちょっとトリッキーで、最初、ヒーローサイドかダークサイドかを選んで遊び始めるんです。ヒーローサイドは我らがソニックとその仲間たちのお話、ダークサイドはシャドウとその仲間たち（？）のお話。一つの大きな事件を巡って、どちらの陣営にも様々な試練が訪れて、どちらかを遊んだ後もう片方を遊ぶと、敵対していた彼らがなぜあんな行動をとっていたのかが判明してくるという仕組みでした。だいたいの人が馴染みのあるヒーローサイドから始めるかな？　と思うので、あの（分かってあげられなくてごめん……！）って一気に好きになっちゃう感情は、ゲームデザイナーさんたちがちゃんと設計した仕掛けだったのかもしれません。まんまとハマっちゃいました……。

そうそう、前章に挙げていた私の推しの共通点は〝生きるのが下手〟なんですが、シャドウはド王道の〝生きるのが下手〟系キャラです。

彼は類稀《たぐいまれ》な身体能力と永遠の命を持つ究極生命体として、科学者に生み出されました。人間の少女から心を学びますが、彼女は人間同士の争いに巻き込まれ亡くなってしまいます。少女を殺した人類への復讐のため、冷徹に振る舞うシャドウですが、根底には少女に教えてもらった優しさが残っているんです。

だから最終的には人類を裏切れないっていう。そのくせ、誰にもそれをハッキリ表明しないから、シャドウの優しい部分って他人に伝わりにくいんですよね。究極生命体と呼ばれるほど高次元な能力を持った生き物なのに生きるのがド下手くそ。たまりません。

そんな彼の魅力がゲームの中で徐々に発揮されていくのです。自分の幸福と他者の幸福を合致させていくのが上手いソニックと対比されることで、自分の幸福をとことん取《と》り零《こぼ》していくシャドウも際立ち、どちらの良さもしっかり描き切っているんですよね。

なるべくネタバレを避けたくてかいつまんで書いているんですが、このかいつまんだところにこそエモがあるので、遊んだことがない方は是非、『ソニックアドベンチャー2』を体験してみてください！

シャドウが主人公のスピンオフ作品、『シャドウ・ザ・ヘッジホッグ』も、ファンには堪《たま》らん一作です。シャドウから見た他のキャラクターの印象や、シャドウ自身が自分をどう定義付けていくのかを知れる貴重な描写が満載！　私が好きなのは、ソニックに結構容赦なくいじられるところですね……。それに対し頑張ってクールに答えている（私の主観を含む）ところが大変可愛らしいので、そちらも是非プレイしてみてほしいです。

ここまで精神性やストーリーについて語ってきましたが、ケモナーというからには造形の話も捨て置けません。

ソニックシリーズのキャラクターたちはケモノならではのボディラインや質感が際立つようデフォルメされたデザインで最高です。

また、私はケモノ一番の強みって、触ってみないと本当の質感が分からないところにあると思っています。私は人間なので、人間の皮膚が触ったらどんな感じなのかは想像がつきます。しかし、ケモノたちは、それぞれふわふわ感、つるつる感などがきっと違うはずなんです。自分とは違う種族だからこそ、〝想像させる〟というエンタメが生まれていると思いませんか？　これはソニックたちだけでなく、他のケモノキャラクターたちにも当てはまるかなと思っています。

ソニックとシャドウは作中で、仲間すら見間違えるほど容姿が似ているという設定なのですが、実際はかなり差異があります。ソニックはお腹部分や腕部分がつるつるなのに対してシャドウはもふもふ。胸元には白いふわふわもついています。同じ種族でも、全然違う質感なんですよね。

ソニックのお腹のつるつる、死ぬほど頼み込んで触らせてもらえたとしたら、どんな手触りなんでしょうね。イルカ的なつるつるなのか、それとも本当のハリネズミのお腹のようにうっすらふわふわな毛があるのか……。あったかいのか、ひんやりしているのか。シャドウの胸のふわふわは、猫ちゃんみたいにもあもあ柔らかい毛質なのか、柴犬の背中みたいな、意外とハリのある毛質なのか、それとも、ジェラートピケのパーカーみたいな、むにむにした手触りなのか……とか。

ケモノ自体が持つ美しさと、画面の向こう側に行った時を想像させる体験。明らかな異形と交流できる高揚感。人間では味わえない未知の〝良さ〟が、ケモノには詰まっています。さあ、あなたも明日からケモナーの仲間入りです！

# 神様が性癖

二〇二二年の夏。私はめちゃくちゃ映画館に通っていました。この夏は素敵な作品が目白押しで、映画館も賑《にぎ》わっていましたね。

私もその波に乗っ……たのではなく、ひたすら同じ作品を観ていました。大好きな推しが主人公の映画を、スクリーンで観られるうちに観ておきたくて通っていたんです。

仕事終わりや合間に、可能な限り通うこと二十四回。

私が通った映画、それはＭＣＵ（マーベル・シネマティック・ユニバース）*作品の一つ、『ソー：ラブ&サンダー』です。二十四回観て、二十四回泣きました。

私はソーが大好きなのです。

「マイティ・ソー」シリーズは北欧神話を元に描かれたアメリカンコミックで、ソーは雷の神、トールを元に生み出されたキャラクターです。神様の国アスガルドの

**＊MCU（マーベル・シネマティック・ユニバース）**
米映像製作スタジオ、マーベル・スタジオによる映像作品シリーズ。マーベル・コミック作品の登場人物たちが活躍するクロスオーバー作品で、『アイアンマン』を皮切りに、2023年現在、30作以上の映画が公開されている。

第一王子で、端麗な容姿と比類なき強靭《きょうじん》な肉体を備え、資格ある者しか持ち上げることのできない最強のハンマー、ムジョルニアを携え、雷を操るスーパーヒーロー。

ちょっといたずらっ子な弟・ロキが何度か地球を破壊しかけたりするんですが、おおらかに言えば賑やかな家族にも恵まれ、正に全てを兼ね備えて生まれてきた存在。もしかしたら元祖俺TUEEEE系かもしれません。ほんとに強いし。

しかし俺TUEEEEのまま終わらせてはくれないのがMCU作品。彼が歩むのは、修羅の道なのです。

ソーはシリーズの一作目から四作目に至るまで、ありとあらゆる大切なものを奪われていきます。家族、国、武器、恋人、自尊心。何度心が折れても、最強であるが故に立ち上がらなければならず、ヒーローとして世界を救う道に進みます。神様だけでなく、人間や異星人、はてはアライグマなどとも力を合わせて戦い、強大な敵を倒してくのが、雷神ソーというキャラクターです。

私がソーを知ったのはMCUシリーズが日本でも上映されるようになってからでした。

当初はマーベル・コミックスとDCコミックスの区別すらついておらず、なにやらスーパーヒーローが映画で一緒に戦うらしい。それによって世界が盛り上がっているらしい……というくらいの認識でした。

我が家は両親がめちゃくちゃミーハーなので、大作と言われる映画はたいてい観に行きます。物語が分かるとか分からないとか、あまり関係ないみたいです。『アベンジャーズ』も、家族で観に行きました。にわかもにわかだったはずですが、話が分かりやすいし映像にも迫力があったのですっかり引き込まれ、とても充実した映画体験ができました。

この時は特に推しはおらず、知っているのはハルクだけだったので、ハルク頑張れ〜くらいの気持ちで観ていたと思います。

そんな私がソーを好きになったきっかけは、ソーシリーズ三作目、『マイティ・ソー　バトルロイヤル』。

これも例によって両親のミーハーに巻き込まれ、スケジュールが空いていたためたまたま一緒に観に行ったのでした。そんなわけで前情報もなく鑑賞した私。けれど大大大満足で見終わりました。ギャグとシリアスのバランスが気持ち良く、何よりソーが面白さとヒロイックさを兼ね備えていてとても魅力的だったんです。

映画の後に寄ったHARBSで両親に、ソーが可愛かったという話を延々していました。

その後、ソーが出演する『アベンジャーズ／インフィニティ・ウォー』（アベンジャーズシリーズ三作品目）公開までに他の作品も観たーい！　とソーシリーズを履修。一作目の『マイティ・ソー』は、馬鹿みたいに強いのに、やや世間知らずなソーが、力を持つ者の在り方を学んでいくストーリー。世間知らずで抜けた部分はありますが、間違ったら謝るし素直に人から学べるし、めちゃくちゃいい子で、好感度爆上がりでした。一五〇〇歳の神様に、近所の子を見守るおばちゃんみたいな気持ちにさせられるとは思いもしなかった……。

その次は『アベンジャーズ』（アベンジャーズシリーズ一作目）を再履修。今度はソー目当てで観ているので、雰囲気で追いかけていた時とは随分印象が変わりました。

ニューヨークで派手に暴れるロキに相変わらず甘いソー、お兄ちゃん感があってすごく可愛いんですよね。あと、キャプテン・アメリカの指示で鉄塔から雷落とすシーンがあるんですが、なんかもうポケモンじゃん（可愛い）って気持ちになりました。

いけ！　ソー！　かみなり！

お次は『マイティ・ソー　ダークワールド』（ソーシリーズ二作目）。最も美しく聡明なソーが観られる一作。どこを切り取っても絵画。かみさま……つよい……すてき……ってなります。ここまで〝ちからいずぱわー〟を地でいってたソーが、チームワークを駆使して敵に立ち向かうのです。後にも先にも彼が作戦らしい作戦を立てるのはこの一回きり！　王様になることや自分の力について、彼なりに一生懸命悩んでいる姿が窺《うかが》えてやはりめちゃ可愛いです。

そして『アベンジャーズ／エイジ・オブ・ウルトロン』（アベンジャーズシリーズ二作目）。すっかり地球のお友達に馴染んだソーが、キャプテン・アメリカの指示に従ってチームワーク抜群バトルを繰り広げる様に、あ〜お友達いっぱい出来て良かったね〜‼　ってなるんですがこの後本筋で萌えなど吹っ飛ばす重いテーマを投げかけられ、それどころじゃなくなります。

『エイジ・オブ・ウルトロン』を観たあたりから、ほかのヒーローもやっぱりカッコイイなぁ、知りたいなぁ、と思い、結局『アイアンマン』から一作ずつ観ました。MCU沼は、一生感動と発見を与えてくれるからすごい。

そうして何とか『インフィニティ・ウォー』までに関連作品の履修を済ませた私は、この作品で、やっぱりMCUすげぇ……と脱帽しました。

からのー！『アベンジャーズ／エンドゲーム』（アベンジャーズシリーズ四作目）。この作品は、アベンジャーズシリーズの集大成です。しかしなんと冒頭、ソーは心が折れており、戦場を離れて家に引きこもっているんです。それを象徴するのが、ゆるふわボディ。今まで、ソーは神様なので、放っておいてもバキバキの肉体美を保てるんだと思っていたんです。でも、戦わなくなったら身体が弛《ゆる》んだということは、あれは実際に彼が戦い続けてきた努力の証ってことじゃないですか。生まれ持った力だけじゃなく、ちゃんと努力も続けてきたんだね、と視聴者が分かるのが、彼の心が折れた時というのがすごく切なくて。そんな彼が宇宙中の仲間に支えられながら、武器をとって立ち上がる姿に心の底からエールを送ってしまいます。

『エンドゲーム』は宇宙規模の危機というマクロな話と、ヒーロー個人の葛藤というミクロな話の対比が上手く、どんなに器用なヒーローもみんな苦しみ、立ち上がり、それぞれの答えにたどり着くめちゃくちゃ素晴らしい作品です。この作品で卒業するヒーローたちもいて、公開前はソーもその一員ではないかと噂されていました。だって、アイアンマンもキャプテン・アメリカも、単体作品は三本目で終わってるんです。ソーもエンドゲーム直前で三本目まで公開していましたから、エンドゲームは卒業式かもしれないと思って観ていました。実はエンドゲームも五回ほど通っています。そんな経緯もあり、ソーだけ四作目である『ソー：ラブ&サンダー』があると発表された時は、本当に本当に本当に嬉しくて、何があっても全力で応援するぞー！　と意気込んでいました。

私が思う、ソー最大の推しポイントは強者故の余裕です。強者として育ってきたソーは基本的に物事全てへの警戒心が低いです。たとえるなら、サバンナの真ん中でライオンたちがお腹を見せて日向《ひなた》ぼっこしているような。兎がこれをやってたらすぐに餌にされてしまいますが、ライオンは天敵がいませんから、警戒する必要もありません。誰とでもすぐにうち解けられる陽気さや、何度裏切られても相手を許して受け止められる懐の深さ、自分の間違いを認識すれば即座に受け入れて学ぶ素直さなどは、生まれ持っての強者ならではの余裕です。

しかしこれは裏を返せば隙だらけってこと。幾度も裏切られるし、その度に大切なものを喪《うしな》っていきます。ノーガードでも生き延びられるのはソーの強さがあるからこそです。彼が解決するクラスの事件に巻き込まれたら、周りの人々は生きていられない。そうして、大切なものたちを看取る側を繰り返すソーの、〝生きるのが下手〟具合。たまりません。

私見を多分に含むのですが、陽キャって基本的に生きるのが上手いと思ってたんです。前の章で話したソニックも圧倒的な陽キャで、かつ生きるのめちゃくちゃ上手いなぁって印象でした。ソーも、同じクラスにいたら絶対文化祭で実行委員やってると思うし、いろんな運動部の補欠要員として駆り出されちゃうような陽キャ。なのに、こんなに生きるの下手なことある⁉ と感動したんですよね。そして、それでも他者を守り、愛することを止められないヒーロー気質がまた、彼の儚さに拍車をかけているなぁ、と。誰かを愛したい、守りたいと思えるのは、誰かに愛され、守られてきた記憶があるからこそ。つまりソーは、どんなに傷ついても喪っても、その人たちに大事にしてもらった記憶を捨てきれないし、その愛に応えたいと思っているんですよね。

ヒーローはつらいよ。でも、あんたのそういうところほんと推せる。

『ソー：ラブ＆サンダー』は、たくさん傷つくのに愛情を捨てきれなくて、強いのに迂闊《うかつ》で、結局また傷ついて、それでも愛を見つけて生きていく、どうしようもなく不器用で愛おしい神様の姿が119分に詰まっているんです。

ヒーローなのに欠点だらけで、神様なのにまだ成長してる。そんな姿みせられたら、ただの人間である私は、推すしかないんですよ。

なるべくネタバレなく書いたつもりなんですが、大丈夫だったかな⁉　ネタバレOKで書くと恐らくあと五章は使っちゃうので、むしろちょうど良かったかもしれません。

# 推しが〝いた〟

推しの自慢は健康にいいのでまだ語りますね。

人生と共に様々な推しと出会ってきた私。全員について語るわけにはいかないので苦渋の決断ながら数人に絞っています。

その中でも欠かすことができないのが、『Fate/Grand Order』通称ＦＧＯの推したちでしょうか。

ご存知の方も多いとは思いつつ一応ざっくり説明を。ＦＧＯはFateシリーズ*の一作で、ロングセラーのアプリゲームです。

主人公がサーヴァントと呼ばれる使い魔を召喚《しょうかん》して、彼らと共に、失われた人類の歴史を取り戻す〝人理修復〟に挑むお話で、サーヴァントたちは神話上の英雄や歴史に名を残した偉人なんです。ゲーム性も然《さ》ることながら、ストーリーの奥深さと、各キャラクターの緻密《ちみつ》な描写が魅力的な作品で、今も新しいストーリーが公

**＊Fateシリーズ**
2004年に発売されたノベルゲーム『Fate/stay night』を中心とするTYPE-MOONの社のキャラクターコンテンツ。悠木は13年発売のRPGゲーム『Fate/EXTRA CCC』のジナコ＝カリギリ、15年配信開始のアプリゲーム『Fate/Grand Order』の沖田総司、酒呑童子、ガネーシャ、伊吹童子、ティアマトなど多数のキャラクターを演じている。

開される度に、どこかの村が燃えています。

あっ、村が燃えるとは、そのキャラクターやエピソードを好きな人たちがエモさの供給過多によって喜び悶《もだ》えることを指しています。悪い意味ではありません。

私がFateシリーズで一番好きなところは、歴史上の偉人や神話の登場人物などを召喚して戦うシステムの中で、様々なキャラクター同士のコラボレーションを見られること。神話では敵対していた人物同士がFateシリーズの中では一時的に結託して戦ったり、全く異なる出典の人物同士がドラマチックな共鳴をみせたり。神様から人間まで、とにかく壮大な共演を楽しむことができます。

Fateシリーズで最初に好きになったのは、インドの叙事詩マハーバーラタの大英雄、カルナでした。半神半人、脱ぐことの出来ない最強の黄金の鎧を身にまとい、一撃必殺の槍を持つサーヴァントです。

マハーバーラタ自体が謀略に満ちた大戦争のお話な上に、主人公勢のライバルとして登場するカルナは、バイオレンスなエピソードも多いです。しかし一方で、望まれれば全てに応えようとする英雄らしい気質や、戦士としての矜持《きょうじ》を貫いて生きる姿も描かれ、苛烈さと優しさの両極を併せ持つ存在だったりもします。

Fateシリーズでは彼の英雄らしい側面が活かされています。優しく正しく強いけれど、おおらかすぎて逆に勘違いを招き大貧乏くじを引く、しかしその結果全てをポジティブに受け止めるという、めちゃくちゃ私好みのキャラクターです。今までで出会った推しの中で一番生きるのが下手だし、最も運が悪い人なんですが、誰より穏やかで、もはや悟りの境地に達しているため、幸福そうなんですよね。意志を持つものとしての究極地って、カルナみたいな精神構造なんだと思う。尊敬を通り越して、信仰のような気持ちで推しています。

私が初めてカルナを知ったのは、実はプレイヤーとしてではありません。『Fate/EXTRA CCC』というゲーム作品に、演者として参加していた時なんです。この作品で私が演じたジナコ＝カリギリは、大変人間らしい女の子。そんなジナコちゃんのサーヴァントとして召喚されたのがカルナでした。自分の好みで芝居の仕上がりに差が出るのは良くないので、どの作品も努めて粛々と収録を進めるようにしています。それでもこの作品は本当に印象的で収録後も深く心に刻まれていたんです。とはいえその時はカルナが推しになるとは思っていませんでした。ただ彼に、真の英雄の在り方を見せてもらったような感動がありました。

それから暫《しばら》くして、仕事としてFGOにも参加させて頂き、その後友人のススメでやっとプレイヤーとしても手を出したんです。そこで、カルナをオススメされ、あーー！　この人知ってるーー‼　と、FGOの遊び方も全然分かってないまま、カルナと出会うための人理修復の旅が始まりました。

カルナはFGOだけでなく、Fateシリーズの他作品でも活躍するキャラクターですから、他のゲームも遊ばなきゃだし、アニメシリーズも観なきゃだし、その後もFGOは期間限定イベントをコンスタントに開催しているし、嬉しい悲鳴をあげながら忙《せわ》しなく推し続けています。

更には原典であるマハーバーラタやインド神話にも手を出し始めて、半ば収拾がつかなくなっているんですが、こんなに幸せなことはありませんよね。まだまだ学べることも多いので、コツコツ掘り進めて行きたいと思います。

そうしてカルナを信仰し、FGOに熱中していた私の前に突如現れた新星が、新選組総長、山南敬助《やまなみけいすけ》さんでした。

なんだか、山南さんは史実の方をモチーフにして生み出されたキャラクターであることもあり、つい敬称をつけて呼んでしまいます。山南さんは、副長であった土《ひじ》方歳三《かたとしぞう》さんと共に新選組を支えた人で、二種類の剣術を免許皆伝になるほどの剣の使い手。性格は、親切者と伝わっており、近所の人々にも親しまれていたんだとか。しかし新選組全盛期に、局中法度《きょくちゅうはっと》〝局ヲ脱スルヲ不許〟を破り逃亡、その後捕縛され切腹となりました。その理由は、土方さんとの意見の食い違いであったとか、新選組の在り方に抗議するためであったとか、様々な憶測がされているんですが、真実を知るのは山南さんご本人のみなのかもしれません。

これまで完全に架空のキャラクターのみを追い続けてきた私にとって、実在する（した）推しは新鮮でした。もちろん、フィクション作品に出てくるキャラクターと、実在したご本人を同一視する気はないのですがその感覚も含めて、私にとって初めての感動でした。

お恥ずかしい話なのですが、私、日本史に明るくないんです。新選組は知っていたけれど、山南さんのことはＦＧＯに登場するまで知らなかったという。自分がＦＧＯ内で担当しているキャラクターが沖田総司《おきたそうじ》なので、沖田さんが活躍しそうなお話は気合い入れて読むぞー！　と始めた期間限定イベントに突如山南さんが登場。テンションの高い面々が繰り広げるギャグストーリーに、乗り切りもせず、かといって否定もしない大人の対応が印象的でした。

そして更に目を引いたのが、立ち絵です。淡い色合いと柔和《にゅうわ》そうな表情は登場する誰より儚く……。当時「FGO　山南敬助」と検索すると、サジェストに「未亡人」と出てきたほどです。山南さんは未婚なはずなんですけどね。

ギャグで始まったはずのストーリーはいつの間にかシリアスに変わり、様々な陰謀によって混迷を極めていきます。序盤、主人公たちの味方として振舞っていた山南さんも、実は敵だったと判明。儚さを残したまま、けれど、生前迷っていたことの答えを見つけながら散っていきます。その迷い、揺らぎ、そして、納得していくまでの描かれ方。あまりにも人間くさくて、愛おしいですよね。

私の心に圧倒的な推しの灯火を着けたにもかかわらず、山南さんは登場当初、期間限定イベントにのみ登場するNPCでした。寂しかったけれど、それはそれで儚さに拍車をかけており、まぁアリかな、と受け入れている部分すらありました。

とはいえ、イベントが終わってしまってからは、突然降って湧いた情熱のやり場に困りました。一度前のめりになった自分は歯止めが効かないことは、誰より自分自身が一番知っています。私はとりあえず歴史を学び直してみようと思いました。ゲームから歴史に興味を持ったら、コンテンツと史実を混同しているみたいで良くないかな……と思いもしたんですが、知らなければ、何がコンテンツで何が史実なのかの区別すらつけられないかも、と思って。

学生時代、日本史はとにかく苦手でした。テストの成績は悪くなかったけれど、それは暗記を頑張ったからで、内容を理解出来ていたからではなかったと思います。特に幕末は政治の動きが複雑で頭を抱えていたはずなのに。推しに関係していると思うとビックリするぐらい面白いんですよね。

いつの間にかすっかり幕末の歴史にハマり、二年ほど経った頃、突然その日はやってきました。

山南さんが、プレイアブルキャラとしてＦＧＯに実装されたのです。

発表になった日、私は別作品のアフレコをしていました。収録が終わってスマホの電源を入れたら「おめでとう」のＬＩＮＥがいっぱい来ていて……そこで初めて実装を知ったんです。仕事終わりの新宿を泣きながら歩いたのはいい思い出です。

歴史の勉強も相変わらず続けていて、京都に新選組の展示会を観に行ったり、実際に新選組の屯所があった壬生《みぶ》周辺にお邪魔したりもしました。展示会には山南さんのものはほとんどありませんでしたが、台帳に名前が載っていたり、手紙に名前が書いてあったり、確かに、そこに生きていたのだと思えたことが嬉しくて。

土方さんや近藤《こんどう》さんに至っては、こんな赤裸々に公開してくださるの⁉　と照れちゃうくらい、当時の生活を感じられるようなものまで残っていました。

山南さんが眠るお寺で、お焼香をあげさせて頂くこともできました。ご本人のお墓を前にして何を話していいのか分からず、心の中なのに吃《ども》ってしまったんですよね。仏様には、私たちの心の中のことってどのくらい鮮明に伝わってるんだろう。めちゃくちゃテンパってたのがバレてないといいなぁ。

いずれまたお邪魔することが出来たら、今度はもっとしっかり何を話すか決めて、私が今日本で楽しく暮らせていることを伝えようと思います！

史実の山南さんはもちろんですが、ＦＧＯの山南さんも、きちんと人間として生きて、人間として苦悩する〝人〞です。その上、これまで推してきたキャラクターたちと違って、歴史上実在した人物をモチーフにしていますから、かえって正確な情報がなかったりもします。150年以上前に生きていた人一人の情報なんて、余程のことがない限り残されていないですよね。

それが逆に、彼がここに生きていた人間だったんだと実感をくれたように思います。創作物のキャラクターたちは、考えていることやとった行動の意味などに明確な正解がありますが、本当に生きていた人が、何を考え何のために行動したのかは、本人にしか分かりません。もしかしたら本人すら分からないのかもしれません。その揺らぎに想いを馳せる楽しさを教えてくれる、素敵な出会いを経験できました。

# メイクにまつわるエトセトラ

　ここまで、女性声優っぽいことをあまり書いてなかったので、そういうのもね、少しくらい書いていけたらと思います。よそのみんなに比べるとそこまで詳しくないってだけで、私もコスメとかスイーツとかダイエットとかファッションとか、人並みに女の子っぽいものも好きです。ただ、極めるほど好きじゃなくて、多少は知識がないといけないという意味での興味に近いのかもしれません。

　というのも、ネックだったのは幼少期の教育ですよね。子供の頃は、子供がメイクすること＝不真面目、みたいなイメージがありました。
　学校にメイクをしてくる子がいたら先生に怒られていたし、学校の外でも大人たちの目は厳しかったです。たとえば子役時代にテレビに映る際はうっすら化粧をしてもらってたんですが、それに気付いた近所の人が、子供に化粧させるなんて……

みたいな嫌味を母にぶつけていたのも何となく見ていたんです。テレビ局のメイクさんが子供に配慮したメイクをしてくれていたので、めちゃくちゃ肌に悪いみたいなこともないし、私は少しお姉さんな気分になれて嬉しかったんですけどね。

そんなわけで私の中にはうっすら、子供がメイクする＝不真面目、の式が定着していました。メイクをすることで気分が上がった話なども、あまりしてはいけないと思っていました。小学校高学年くらいから、おませな子たちはみんなメイクの話をし始めていたけれど、あれは不良予備軍なんだ！　とすら。

とはいえ、陰口を叩かれていた側の母は全然気にしていない様子だったのが救いです。


もう一つ、私がメイクに対して苦手意識を持っていた理由があります。それは、こっそり行われていた女子同士の出し抜き合いが苦手だったことです。

思い返せば幼稚園の頃から、キャラクターグッズをいくつ持っているのか……みたいなことからはじまっていて、小学校に上がればキラキラのペンをいくつ持っているのかで競い合い、小学校高学年から中学、高校までにかけて、メイク技術やファッション、彼氏の有無で競い合い、大学に上がるとどんな彼氏か、にプラスして就職先の優良さでマウントをとり、その後は結婚の早さ、結婚すれば子供が早くできるか、子供が生まれたら今度は子供の幼稚園のランクで競う。その先もずっとずっと、離脱しない限り競争が続くのかなぁ、と気が遠くなります。

私はこの戦いが、初めから苦手でした。幼稚園、小学校まではギリギリついていけていたのですが、中学からは意図的に逃げていた自覚があります。

ただでさえ、芸能人で目立ちますから、衝突を避けるためになるべく地味でいたかったといいますか。大してこだわりのないことで人と争うのが嫌だったといいますか。メイクやファッションに詳しくなく、異性に興味を持たなければ、彼女たちは私を外野組として扱ってくれます。ドッジボールみたいな感じですね。先生に怒られるし、クラスメイトとも揉めなきゃいけないなんて、メイクってどうしようもなくギルティだなって思ってたんです。

しかしこの考えは、成人した辺りで変わります。だって成人すると途端に、メイクしてない＝ズボラ！　社会人失格！　みたいになるじゃないですか！　割と自由が許される私たちのような業界ですらそれがあるんだから、これ普通に会社勤めされてる人とかもっと大変なのでは？　聞いてない、そんなの聞いてないよ！　いや、まぁ本音を言えばいつかは必要になると思ってたけど、こんなに急に来るとは。真面目にやってたつもりだったのに、社会から華麗な手のひら返しを食らい、碧、傷心……。成人したからって突然顔面お絵描きが上手くできるわけもなく。それまではメイクさん任せでしたから、手順すらあやふや、そもそも必要なものすら分からないわけです。何となく、ファンデーションや口紅、チークみたいなものがあることは知っていますが、下地と日焼け止めは何が違うの⁉　パウダーとハイライトも同じに見えるよ⁉　アイシャドウとアイブロウも一緒じゃない？　リキッドタイプがある？　どういうこと？　このクレヨンみたいなの何～？　てかアイライン引けないんですけど～⁉　ってもう大パニックでした。

本当に、社会に出てからお化粧することをマナーにするなら、学校の授業に組み込んでくれ頼む……と思いました。あと、お葬式の時のマナーとか、お墓参りのルールとかも教えておいて欲しかった。微分積分より全然使うって。多分。

やべ、また話が逸れちゃった。要するに、突然メイクが一般教養とされる異世界に転生してしまった……ってことが起こったわけです。

母に聞いてみるものの、母もそんなに化粧っ気のある方ではなく、私が成人した頃には、すっぴん生活が馴染んでいたので、二人で現代のメイクに首を捻《ひね》っておりました。Google 先生を頼りつつ、コスプレがめっちゃ得意な友達に相談してみたり、仕事でメイクをしてもらう時にプロのメイクさんの手順や手法を観察してみたり。超特急で学んでいきました。

勉強してみたらみたで、めちゃくちゃ奥深く、面白いことが判明しちゃうんですよね。元々絵を描くのは好きですし、ドールの顔面に絵付をしたことはあったので、コツが分かってきたら結構楽しくて。ネットにはメイク動画もたっくさんあるし、いろんなメイクに挑戦したくなりました。

それまでは、みんな女子戦争の最前線を走るためにメイクをしているんだと思っていたけれど、そうではなく、メイク自体を楽しんでいる人もたくさんいることを知ったのです。

今は当社比やや濃いめのアイシャドウを使ってみるとか、カラーマスカラを使ってみる……みたいな、ささやかな自己主張しか出来ていませんが、いつかアートメイク的な、顔そのものを生きたカンバスとして表現するものにもチャレンジしてみたいです。執筆している現在気に入っているのは、バーガンディ系メイク。私はパーソナルカラーがブルベ冬なので、バーガンディが肌映えするんですって。結構濃いめの色だから肌に乗せるのは勇気がいったんですが、恐る恐る試してみたら意外とよくて、気に入ってます。

余談ですが、作品コラボとかで出るコスメって、薄ピンク系のものが多いんですが、こいつら本当に私の肌の色に合わないんですよね。推しの化粧品で気張りたいのに推しの色は私には合わない……。可愛いから買っちゃうんだけどさ！

そうそう、本書は女性だけでなく、男性の皆さんも読んでくださっているのかな？　と思っています。最近ではメイクに興味を持つ男性も増えてきていますが、まだまだ勇気が出ない、そもそもあまり興味がないという方もいらっしゃるんじゃないでしょうか。

そう思ったのは、とあるリプライを読んだ時でした。

メイクが楽しくなった私は、Twitterで、マスカラ変えたよ！　とか、リップ変えたよ！　なんてツイートすらするようになりました。楽しい気持ちをどこかに残しておきたくて。でも一定の割合で「メイクしなくても可愛いですよ」というリプライを頂くのです。

いや、有難い、有難いよ。可愛いって言われて嫌な気持ちはしない……でも多分、そのリップをくれた方と私とでは、根本的にメイクに対する感覚が違うんだな、と思ったんです。きっとその方はメイクを、コンプレックスを隠すための行為のように感じていらっしゃるのかな、と。

これ、めちゃくちゃ分かるんです。メイクに興味を持つ前は、私も同じだったから。

確かにメイクの力って絶大で、ちょっぴりのコンプレックスなら簡単に乗り越えられちゃいます。かくいう私も、もっとここがこうだったらなぁと思う部分を、メイクで補うことは結構あるし。それこそ、整形級メイクってやつもありますよ！　ほんとに整形しろって？　やだよ痛そうだもん。

でも、私が思うに、メイクにおいてコンプレックスの改善は下準備。

スポーツ選手が試合の前に精神統一したりするじゃないですか、なんか、あの感じなんです。スイッチが切り替わる……みたいな。好きなアーティストのライブに行く時、ライブTシャツを着ると今日はライブ楽しむぞ！　って気持ちに切り替わる、あの感じにも近いかも。

それから、自分の手を加えることでそのものがより自分の好みに近づく、というのも楽しいんです。私が経験した感覚で近いものを挙げると、ガンプラのリペイント*とか、そんな感じ。ガンダムはもちろんそのままでもカッコイイんだけど、陰影をつけたり、自分でデカール*を足したガンプラって、世界で一つだけの宝物じゃないですか。体験も含めて。それを、「リペイントしなくてもガンダムはカッコイイですよ」って言われたら、しょぼん……ってなりますよね。

可愛いって言われたくてメイクしてる部分もなくはないんですが、どっちかというと、自分の顔面に時間をかけて宝物にする体験を大事にしている気がします。

でもこれって、体験してみないと分からない楽しさだから、気持ちの行き違いがあって当然だと思うんです。だって、あのリプライをくれた人たちが、私に敵意があったとは思えないじゃないですか。

そうそう。これを読んで恐らく、メイクに興味ない組は、「じゃあなんて言えばいいんだ?」って思ったのではないでしょうか。

触れ方の分からない話題には別に無理やり触れなくていいんだけど、日々暮らしているとそうもいかない場面に直面しますよね。

かくいう私も、前線で戦い続けている戦士たちの知識には全然追いつけていない

**＊リペイント**
プラモデルやフィギュア、模型を購入者が独自に塗り直すこと。

**＊デカール**
転写シールのこと。スライドマークとも言う。日本では主にプラモデルや模型に使用するものを指し、細かい模様やロゴマークなどを正確に再現するために用いられる。

ので、意見を求められるとめちゃくちゃ困ります。

そんな時は、

「今日の雰囲気素敵だなって思った〜」

だいたいこれで乗りきってます。ぼやっとしてんな〜って感じなんですが、その分誰にでもどのタイミングでも繰り出せるんですよね。あと、雰囲気が素敵に見えた理由を相手側が探してくれますから、何かしらの会話のきっかけにはなります。

どうしようもなく困ったら使ってみてね。

# ファッションは武装

メイクの次はファッションの話をしてみようかなと思います。メイクと違ってファッションは母が大大大好き&大得意分野だったので、幼少期から興味を持てていました。

本当にちっちゃい時は母と祖母の着せ替え人形で、縫ってもらった服を何も考えずにひたすら着ていました。当時は両親に連れられて海に行くことが多かったので、ロコファッションにされていることが多かったです。ビキニと合わせて着られるようなラフな雰囲気のお洋服ですね。私が人生で最も布の少ない服を着ていた期間です。おばあちゃんはフリフリふわふわを着せたがったので、おばあちゃんが着せてくれる服は某ねずみの国の女の子みたいなお洋服が多かったです。どちらかというとこっちの方が好きだったかな。

小学校の頃には、子供服ブランドってやつにめちゃくちゃ憧れがありました。シャーリーテンプルやメゾピアノ。今見ても可愛いです。でも、子供の服は消耗品。ブランドものを着せられるほど我が家は裕福ではなかったんですが、実は入手経路があったのです！　それは、子役友達のお下がりー！

私は子供の頃からあまり発育が良くなく、今も身長が高くないです。コンプレックスでもありましたが、同年代の子たちから、着られなくなった服を貰えるというウルトラハッピーな特典もありました。傍《はた》からは子役界って闇なんでしょ……？とか言われがちなんですが、そんなあったかい繋がりもあったりします。

譲ってもらった、リボンやフリルがたっぷりついたワンピースやサンドレス、プードルがボア素材でアップリケされたスモーキーカラーのトレーナー、ミントグリーンと焦げ茶色のチェックのプリーツスカート。あのころ大好きだった服が今も一番好みです。十歳に戻れたらまた着たいなぁ。

これはちょっとファッションのカテゴリで話すことではないかもしれないんですが、皆さん、踵《かかと》にローラーが仕込まれているスニーカーのこと覚えてます……？ローラーブレードの進化系のようなもので、ローラーブレードと違うのは、一見普通の靴に見えるところ。一時期あれがめちゃくちゃ流行って、でも私は靴のサイズが小さすぎて対応したものがなかったんですよね。

それでも欲しすぎてしょんぼりしていたら、母が子供用の厚底スニーカーに、ローラーを埋め込んでくれたんです。今思い返してもあれ、手先が器用ってだけでは済ませられない技術だったと思うんですよね。

このスニーカーはサイズがきつくなってしまうまで履き続けていました。周りの子にも羨ましがられたりして、ちょっと自慢だったんです。なければ作ればいい、を母はここでも体現していました。

中学、高校になっても、ふわふわフリフリは大好きで、ロリータファッションに憧れるようになりました。といってもガチのロリータ服はすごく高価だったため、スカートだけとか、サンドレスだけ、といった取り入れ方をしていました。日常生活のなかでロリータ服を着るのはかなり手入れが大変なので、普段着は割と地味めだったんですが、オーディションに行ったりする際は、気合を入れる意味でもお気に入りのロリータ服を身にまとっていました。

当時のことを、竹達彩奈《たけたつあやな》*ちゃんと二人で活動しているユニット、petit milady*で

＊竹達彩奈
声優。代表作に『五等分の花嫁』中野二乃役、『けいおん！』中野梓役、『ソードアート・オンライン』桐ヶ谷直葉／リーファ役など。

＊petit milady
悠木と竹達彩奈氏による声優ユニット。2013年に1stシングル『鏡のデュアル・イズム／100％サイダーガール』でデビュー。楽曲発表のほか、ラジオ『碧と彩奈のラ・プチミレディオ』（文化放送）のパーソナリティとしても活動した。19年より活動休止中。

お世話になっているプロデューサーの工藤智美《くどうともみ》さんが覚えてくださっていました。

髪に寝癖をつけた、ロリータ服のちっちゃい女の子が、とんでもない芝居をぶちかましてオーディションを総ナメしていく様が、アニメみたいだった……と言われたことがあります。

中学までは、両親が現場へ車で送り迎えをしてくれていたんですが、千葉から東京に行くまでの移動時間がどうにも眠かったため、車で爆睡していたんですよね。寝癖がついていたなんて！　気合い入れてたつもりだっただけに、めっちゃ恥ずかしい。あの時オーディションに受かってなかったら、ただの〝寝癖がついてるロリータファッションの人〟になるところだった……。危なかったです。


衣装さんがつくようになってからは、自分では準備できないような素敵なお洋服をたくさん着せてもらえるようになりました。とはいえ衣装は武装なのでただ可愛いだけでもダメだったりします。体型に合わせて、隠したい部分や見せた方がスッキリする部分を取捨選択しないといけないんですよね。私の場合は低身長なので、それだけでも難しく、ちょっとした撮影の際にも服のお直しが必要でした。

当初は衣装さんの指名ができることを知らず、取材媒体さん側が、その都度スケジュールに合う衣装さんをアサインしてくれる形でした。そのため、毎回違う衣装さんとこんにちはすることになります。その度にサイズや好きな服の印象、この模様は肌に映えるけどこの模様は苦手……など細かな要望を伝えるのがめちゃくちゃ大変だったんです。そもそも、そんなに拘《こだわ》りたいなら自分でやるべきってことなんだな、と思い、結局ほとんどの衣装を自分で組むことになりました。

大学生の頃に『声優グランプリ』*さんでさせて頂いていた連載では、毎月テーマに合わせて服を選んでいました。スイーツがテーマの時は、レモンパイ、ザッハトルテ、ショートケーキなど、その月のスイーツの色味はもちろん、質感や味までイメージしてもらえるような服選びをしました。

星座がテーマの時は、その星座のモチーフと神話のイメージをカメラマンさんと擦り合わせながら、小物なども含めて準備していました。普段の仕事が音だけなことも相まって、視覚に訴えるアートに打ち込めるこの連載はとても楽しかったです。ここで一生分のコーディネートを考えた気がします。

私服はだいたい、衣装に使ったもののお下がりを着ていました。比較的地味目なものを、私服かな？　くらいカジュアルにアレンジするんです。でも段々と目が衣

＊声優グランプリ
イマジカインフォスが編集・発行、主婦の友社より発売されている月刊誌。1994年創刊。声優情報を取り扱う専門誌であり2010〜13年にかけて悠木の連載企画「あおいのあいうえお！」が掲載された。

装の派手さに慣れてしまい、ふと気付くとド派手な服を私服に取り入れてしまっていてビビったり。
この頃はちゃんとお給料も貰っていたので、私服は私服で買ってもよかったのですが、問題は値段ではなく量でした。服だけで一部屋埋まってしまうくらい服だらけ。しかも我が家は父も母も服が好きなので、それでは収まりきらなかったこともあります。

アーティスト活動を始めて少し経ったあたりから、波長が合う衣装さんと出会えて、その辺からは衣装さんにお洋服を頼めるようになりました。アーティスト活動の際は、作り衣装も多いため、流石に自分で準備するのが難しかったというのもあります。やっぱりプロがオートクチュールしてくれる衣装って凄いですからね！テンション爆上がりです。
特にpetit miladyで着せてもらっていたお洋服は、借り衣装も作り衣装もめちゃくちゃかわいくて、大好きでした。petit miladyの衣装で一番好きだったのは、4th LIVEで着た、頭にでっかい音符がついてるやつ！　甘さと不思議可愛さの融合感。一人では着られないけれど、彩奈と二人で着るとめちゃくちゃ可愛い！　が詰まってたんです。生地も拘って取り寄せてもらった特別な衣装でした。

ユニットでは二人でお揃いになるため衣装さんにお任せのパターンが多かったですが、ソロでは衣装デザインをさせて頂くことも。私は子供の頃から絵を描くのが大好きでした。お洋服は着るのも見るのも好きだし、ドールの服を作ったこともあったので、衣装デザインもその延長でできると思いきや……。人間の服ってめっちゃ難しい！

イラストだったら物理法則を考えずに、好きなシルエットでデザインできます。でもこれを立体にするってなると、生地の厚みや質感などはもちろん、どのくらい動けるか、強度はどうか、着た時に重くないか、などなど懸念点がいっぱい出てきます。これらをクリアしても、目で見た時はピンクなのに、ライトを浴びてモニターでみたらオレンジに見える！　といったビックリや、すごく可愛い生地同士を縫ってもらったけど静電気がやばい、みたいな想像してなかったビックリが起こることも。

その道のプロたちが如何《いか》に多くを考えて衣装を設計しているのかを痛感しました。

最近では随分その辺の知識も増えて、そのパズルを楽しめるようになってきました。とはいえ本当に大変なのは、私の発注書を読み解いて立体化してくださる衣装さんと縫い子さんなんですけどね……！　いつもお世話になってます。

嬉しいなと思ったのは、「あおちゃんの発注書は分かりやすいからこのままでも作れるんだけど、このシルエットならこういう動きにしたいってことだよね」とか、「きっとこの素材のキラキラ好きだよね」とか、「今までの関係性から想像出来るプラスアルファを盛り込んでるよ！」と言ってくださったこと。

好きなものをいっぱい詰め込んだお気に入りの服に、誰かの気持ちが込められて、最強の伝説防具ができる！　ファッションは武装だなぁと改めて思いました。

と、そんな風に、仕事で衣装に向き合い続けてきた結果、今の私服はシンプルもシンプルになりました。機能と効率にもオシャレさを見出したんです。

撮影があったり、イベントに出たりする場合は、〝武装〟のつもりで、写りの良さを重視しますが、普通に暮らしている時に写りのいい服を着る必要ってあまりないんじゃないか……と思った時があって。寧ろ、手間なく清潔に毎日着続けられることの方が、私服に必要な要素だって気付いたんです。

そう、たとえば制服のような。

まずは服そのものではなく、どのように服を取り回すかを考え、スティーブ・ジョブズに学びました。同じ服を洗い換え分買って毎日着まわそう作戦です。そして、摩耗しにくいか、再度購入しやすいか、洗濯機にそのまま入れてもシワにならないか、手を洗う時に袖を捲《まく》りやすいか、ボタンが少ないか、万が一多少かしこまった場にその服のまま出ることになっても失礼にならないか……などなど。生活の負担にならない機能性を求めて服を一式選んでいったのです。

結果、デザインはかなり大人しめですが、自分の生活にあったオシャレを見つけられたんじゃないかと思っています。まぁ毎日同じデザインの服を着るとそれなりに飽きるんですが、アクセサリーや香水などを変えることでも結構日々の変化は出せるので、案外楽しいです。私の場合、取材やイベントでは華やかな服を着せてもらえるしね！

# 前世って信じる？

少し前のことなんですが、声優業界で前世診断が流行ったことがありました。面白そうだったのと、現場のノリについて行きたかったのもあって、話題になってから暫く後に私も受けてみたんです。

診断は、椅子に座ってリラックスする音楽を聞きながら、質問に答えていく、という感じでした。

一種の催眠術みたいなものなんだろうと思うんですが、詳しいことはよく分かりません。でもあの感覚、すごい面白かった。

椅子に座ってんなぁ、音聞かされてんなぁ、と思う自分と、先生の声に導かれて前世に飛んでいる自分が、同時に存在しているんです。前者の自分が結構活発に、後者の自分にツッコミを入れてるのもなんだか変な感じでした。もっと朦朧とするのかなとか、眠っちゃったりして結局真相は分からないのかなとか身構えていたのですが、想像してた以上に現実的で驚きました。

診断が終わったあと、先生にかなり早い段階からゾーンに入ってましたよ、上手ですねと褒められて、なんか嬉しかったです。そんなことも分かるんだぁとぼんやり考えつつ、お金を払って施術室を出た私の頭を占めていたのは、この話、どうやってみんなにしようかな？　ということでした。

結果から言うと、めちゃ面白かった。

思い描いてた100倍くらいはっっきり映像が見えるし、感じるし、そこにいる自分は明らかに私とは別の存在なのに、考えていることが手に取るように分かる。泣けるほど分かり合える他者に出会ってしまった感じです。

この話は現場でみんながしていて、正直眉唾《まゆつば》だなーと思ってたんですが、言われた通りだったので凄く感動しました。

また、診断を受けた人たちに聞くと、みんな今好きなことや携わっている職に近い前世を持っていたりして、その繋がりも含めてなんだか納得できる感じだったんです。

演者なら舞台役者やサーカス団員、バレエダンサーって人もいたかな？　あと、スタイリストさんなら生地問屋さん、みたいな感じで。だから私も、そういうのが来ると思ってたんです。芸能系の仕事をしてる人かなって。

そしたらね、なんと。人間ではなかったんです。

先生の声に従って思い浮かべた風景の中で水に足を浸《ひた》したあと、空気の匂いを聞かれて、埃《ほこり》っぽいって答えたんです。ちなみに施術室はアロマが焚《た》かれていて全然埃っぽくはなかったです。不思議なことに、現実のアロマの香りと、そっち側の自分が感じてる匂いを、両方ちゃんと理解していたんですよね。あの感覚、ほんと上手く説明できない。

周りを見渡すと暗くて、そして死ぬほど天井が近い印象でした。「狭《せま》っ‼」って思いました。

そしてね、自分の手を見てくださいって言われたら、手がね、鱗《うろこ》っぽくてゴツゴツしてて、爪が細ながーくて。でも動かせるほど空間が広くないんですよ。

そこで初めてやばいと思い、先生にこれって人じゃないこともあります？　って聞いてみたんです。あるけど極めて珍しいとのことで、どんな手だったんですか？　と聞かれました。私はさっき書いた通りの情報を先生に一個ずつ伝えて、二人でちょっと考えて、多分トカゲかな？　ということになりました。

自分を鏡に映してくださいと言われたんだけれど、そこには鏡がなかったので、自分の姿を見ることは出来ませんでした。今見えている状況がその子の最期の瞬間らしいんです。そこからどんどん時を遡《さかのぼ》っていくんですが、もうね、まぁファンタジックなこと。

トカゲだと思ってた私は、ドラゴンだったんです。


雄か雌かは分かりません。本人（人？）には性別という感覚はないようで、ただ、人間の女の子に恋をしていました。

ね、ファンタジックでしょ。結構しっかりストーリーもあって、起きたまま夢を見てるような感じでした。

私の前世だったドラゴン、長いのでここからは前世ちゃんと呼びます。前世ちゃんは元々、森の洞穴で暮らしてたんです。雨が嫌いで、雨が降ると寒いなぁと思いながら丸まってました。そこに小学生くらいの女の子が遊びに来るんです。果物とか、お花とか持って。前世ちゃんはその子のことが好きなんですけど、自分から発話することが出来ないので、女の子がする、街であった出来事のお話をぼんやり聞いているんです。頷《うなず》く、みたいな人間ルールは多分知らないようで、ただ、言われていることは理解出来ていました。前世ちゃんの他に、あの世界にドラゴンがいるのかは分からないけれど、少なくとも前世ちゃんにはドラゴンの知り合いはいないようでした。

その辺まで遡ったあと、なぜ冒頭に見た場所で最期を迎えることになったのかを、先生の導きで順を追って思い出し（？）ていきます。

前世ちゃんは女の子に誘われて、街に出ることになるんです。雨だから飛ぶのは嫌だったんですが、女の子にせがまれて仕方なく彼女を背に乗せて、街まで飛びました。

そうなんですよ、私背中にどでかい翼がついてましてね。飛んでたんです。でも普段はあんまり飛ばないみたいでした。久しぶりに翼を動かしたらバキバキいってたのが、現実の自分的に面白かったです。ずっと座ってた後の足とか、書き物した後の肩みたいな感じでした。体はめちゃくちゃ重くて、あと雨で寒くて凄く嫌でした。でも女の子がキャッキャ喜んでるので、まぁいいかな、みたいな。

そして街に着くんですけど、街がね、すんごい狭いんです。前世ちゃんでかいから。女の子を降ろしたくても降ろしてあげられなくて、そこでパニクったんですよね。どうにか広場みたいな所に降りたんですが、石畳とか壁とか壊れちゃうし、人間たちがうるさいしでさらにパニックで、女の子が背中から降りて直ぐに飛び立ったんです。

でも建物の屋根とかあって上手く飛べなくて、塔みたいな建物にへばりついちゃって。こう……なんていうか、斜めになってるじゃないですか、塔の屋根。そこにのってる瓦が崩れるから摑んでられないし、飛ぶために踏ん張ったら塔を崩しちゃいそうだしで、めちゃくちゃ慌ててバタバタしたら、前世ちゃんが落とした瓦が街の人に当たって、多分死んじゃったんですね。

それをきっかけに人間たちに捕まえられて、地下に鎖で繫がれてたんです。でも前世ちゃんは結構納得してて、自分は化け物だからここでじっとしているべきだと思っていたみたいでした。

あの子に共感できる点があったかと言われると全然ないんですが、でも何となく、納得して死んだんだなと思うと救われる気持ちもありました。

ちなみにその診断の直近で、モンハンやポケモンをやっていた……というわけではなかったはずです多分。

先生は、せめて人間が出てくるまでやりましょうか、と少し時間を延長してくださり、そのあと二回、別の時間に飛んでみたんですが、二度目が鳥（多分渡り鳥で、仲間と速さを競いあってたらうっかり氷山で群れとはぐれて凍死）、三度目がイルカ（遺跡のような場所の大きな生け簀《いす》みたいな所に住んでいて、訪れた人に水をかけるのが趣味）、という結果になり、三度目は流石に先生に申し訳なくなって、自分がイルカであることは言わず人間だったと嘘をついて終わらせました。

あまりにファンタジックすぎて、絶対前世ではないんだなと思ったのが一番困りました。私がこの話を現場ですると、みんなが〝自分の前世はこうだったのかも〟と思ってた幻想を崩しちゃうじゃないですか。それが良くない気がして。なんて説明しようかなと。

紹介して頂いた手前行ってないとは言えないし、行ってきます！　とか言っちゃったし、でも人間の前世がどんな感じに見えるのか体験できなかったから嘘もつけないし。結局ありのままを話してしまいましたが、みんなに笑ってもらえて救われました。

あの診断で、本当に前世を見ているわけではないんだ、とは思うんです。歴史上、恐竜はいたとしてもドラゴンはいませんし、もし私がドラゴンではなく恐竜だったとしても、その時代に人間は文明を形成していないはずです。

鳥とイルカはまぁ有り得ないとも言えませんが、うーん。いや、イルカの方は遺跡の中の生け簀とか、非現実的だったか。

それでも、あれは嘘や誇張ではなく、自分が見たことのない景色と感覚でした。あれは一体何だったのか。診断を受けたみんなで、今度はその話で盛り上がりました。

私たちが見たものが前世ではないのだとしたら。

なりたい姿にしてはあまりにも寂しすぎるし、別の誰かのことにしては気持ちが分かりすぎたし。結局、無意識下で自分をどう思っているかがイメージとして見えたのではないか、という話でまとまったんです。

でも。だとしたら私、無意識下で自分をドラゴンだと思ってるってコト⁉　めっちゃ恥ずかしくて笑っちゃいました。永遠に完治できない厨二病……。

しかも、無意識下でってところが余計に恥ずかしい。どんなに隠しても心の奥底では自分に孤独なドラゴンを感じちゃってるんですよ……うわぁ！　許して！

まぁ、ドラゴンかという部分は置いといて。もし前世ちゃんが無意識下の自分のイメージだとするなら、人の群れから離れて森で暮らしていたり、雨が嫌いだったり、鎖に繋がれたことを納得していたりする部分も、なんらか私の中にあるパーツなのかなぁ。確かに雨はあんまり好きじゃないけど、それって大半の哺乳類に当てはまりません？　自己分析を続け、心の森林をそこそこ器用に整理してきたつもりだったのですが、まだまだ未開の領域があるようです。

ちなみに私以外にももう一人、人間じゃない前世に出会った子がいて、その子は深海に生きる貝だったと言ってました。私はその子に貝の要素を感じたことはないけれど、本当は貝の一面があるのでしょうか。私にも、ドラゴンの一面があるのでしょうか。

自分の未開領域、いつか踏破してみたいものです。

# 猫、我が主。

ドラゴン、鳥、イルカと、いろんな前世を持つ私ですが、どうせなら猫が良かったなぁと思います。なんでって、好きだから……？

まず。猫って、デザインが天才ですよね。最小限のパーツで最大限に可愛いじゃないですか。

大きくてきらきらの目、三角の耳、表情豊かなしっぽ、ぷにぷに肉球のついたまんまるおてて、ちっちゃい鼻、ふわふわの毛並み。パーツを挙げるだけでも可愛いのに、その集合体が、丸くなって眠ったり、すりすりしてナワバリをアピールしたり、仕草も一級品のあざとさです。

性格のワガママさも、これだけの可愛い要素を揃えていれば許される……どころか長所。そのワガママは我々人間にとってご褒美です。

猫は人と共存し、利用することで種の存続を果たす、とても強《したた》かで、けれど平和的な種族。どんどん可愛く、どんどん共存しやすくなり、今やその魅力で全ての猫を飼う人間が下僕《げぼく》に成り果てているわけです。

あの小さい身体に詰まった全てが、猫が進化を重ね獲得した能力って考えると、生き物ってホントすごい。


これだけ語るからには、もちろん我が家にも猫がいます。既にこの本の中にも何度か登場させていました。オスのマンチカンで、名前をアシュベルと言います。

真っ白な体毛と大きな青い目、耳と肉球と鼻がピンクで、十歳を超えても超ベビーフェイスという、二次元もビックリなかわい子ちゃんです。大好きな先輩、沢城みゆきさんも「アニメの猫みたい」と言ってくださいました。

ただ、可愛いルックスとは裏腹に、性格はかなり男前。毎日ナワバリ（リビング）をのしのし歩き回って安全を確認し、侵入者（蜘蛛や蚊など）がいれば徹底的に排除。夜になると家族全員がいるかを点呼します。

飲み会で帰りが遅くなり、この点呼に遅れると、めちゃくちゃ鳴いて怒られます。全員揃うまで人間たちを叱り、揃うと安心して、床暖房の効いたリビングの真ん中で堂々と寝ます。ついたあだ名は〝王〟。足音も消さず胸を張って堂々と闊歩《かっぽ》する様に、悠木家全員が見とれ、平伏《へいふく》してしまうのです。

ちなみに我が王、本当に怖いものなしなので、突然の来客や掃除機の爆音、震度五強の地震にも一切動じません。うろたえている人間を見つけると、落ち着けと言わんばかりにそっとしっぽをくっつけてきます。


と、まぁ凡《おおよ》そ無敵に見えるアシュベル王なのですが、実はめちゃくちゃ身体が弱かったりします。執筆している現在は元気なのですが、我が家に貰われてきてすぐの頃は、一年もたないと言われていました。

先天的に消化能力が低く、鼻涙管《びるいかん》が狭く、重度の難聴。指定されたご飯を指定された量、同じ時間に摂取させ、変な菌に感染しないようこまめに目や口の周りを拭いてあげる必要がありました。欠かさずやること自体にも神経を使いましたが、どちらかというと、嫌がる彼に、それでも治療を強いないといけないことが辛かったです。

そんな時頼れるのはやはり母。やらなきゃ死んじゃうなら嫌われてでもやらないと、と向き合う母に、戦士の姿を見ました。人間を育てたことのある人は度胸が違いますね。成猫《せいびょう》になったくらいで随分身体も丈夫になり、おやつの「ＣＩＡＯちゆ～る」なんかも、あげすぎなければあげてOKと言われています。

鼻涙管狭窄《きょうさく》や難聴は完治はしないんですが、段々目周りを拭かれることにも慣れ、難聴に至っては恐らく、振動や匂いを敏感に察知することで、補えているらしいです。

アシュベルもアシュベルなりに、生きるため日々学んでいるんですね。様々な困難を抱えて生まれてきたアシュベルなんですが、それ故に他の猫ちゃんにはないものもあったりします。


それが、先に挙げた〝怖いものなし精神〟。猫はとても音に敏感で、警戒心の強い生き物。ですが、アシュベルは音に鈍かったため、大きな音がするものを怖がらずに育ってきたらしいんです。動物病院の先生からその仮説を聞いた時、そうかこれはハンデではなく、彼の個性なんだ、と腑に落ちたんです。

アシュベルが小さい身体で堂々と生きる姿は、可愛いを通り越してカッコイイなと思います。きっと他の子に比べて生きにくいこともたくさんあったはずだけれど、誰とも比べず己を研鑽《けんさん》していたのかなと思うと！　流石、我が主～！　あ～えらいえらいえらいかわいいかわいいちゃんですねぇ～!!

……すみません、取り乱しました。王相手だと、気を抜くとこうなっちゃうんですよね。

そうそう。猫のことを語る時に欠かせないのが父です。

父は息をしているだけで猫に好かれる特殊スキルをもっています。子供の頃かららしいです。羨ましすぎる。ペットショップにいけば窓を覗いているだけで猫という猫がガラス越しに父にじゃれつき、だいたいの野良猫は寄ってきて足にすりすり。しまいにはサファリパークでライオンまで虜《とりこ》にし、車の窓をべろべろ舐められていました。

父、マタタビの化身説。

もちろん例に漏れずアシュベルも、父のことが大好きです。父も猫が大好きなので、相思相愛。アシュベルは家の長なので、基本的にリビングに入ってきた全ての人間を出迎えてくれますが、父の出迎えだけは喜んで走ってきます。その姿はまるで犬のようです。猫ちゃんなのにわんちゃんの可愛さも兼ね備えてるなんて、やっぱりうちの子天才ですね。

帰宅して、父がカバンを置いて着席するまでは、足の間を8の字に走ってすりすりします。父が運動を始めればヨガマットに乗っかり運動を邪魔……否、手伝い、父がリビングでテレビを観ていれば、お腹を陣取ります。

ちなみに、父が先に寝てしまったり、出張で帰らない日は、母と私、どちらかがランダムでこのポジションに選ばれることになります。明らかな序列の違いを感じてちょっと寂しいですが、稀にお零《こぼ》れにあずかれるので全然OKです。

微妙に納得いかないのが、撫でる時の手つきとか、絶対私より父の方が荒いと思うんですよね。たまにお腹とかもふもふして猫パンチされてたりするし。うーん、納得いかない。

そうそう父だけ、アシュベルから特殊なミッションを課せられているんです。それは、帰宅次第、水を注いだお皿を出す、というもの。もちろん王には毎日新鮮な水をお出ししていますが、父にだけは、違うお皿で新たな水を要求するのです。マジでなぜ。

これ、あまりにも謎すぎて、一時期SNSで流行った鳴き声で猫の気持ちが分かるアプリを使ってみたんです。結果は「甘え」「遊ぼうよ～」とのことでした。水自体ではなく、父が水を持ってくるという事象を喜んでいるのでしょうか。お皿が嫌だ、とかじゃなくて良かったです。

この習慣は、父がいろいろアシュベルから強請《ねだ》られるけどあげられるものがなかった、ということから始まりました。食べられるものが限られていますから、強請られても真新しいものはあげられません。

その日は確か昼にちゅ～るをあげてしまっていたので、父が帰る頃には一日のおやつリミットを超えていたのです。仕方なく父が水をあげたら、なぜかめっちゃ喜んで飲んで……。

ちなみにこれ、私や母があげても飲んでくれないのです。同じ水、同じ器なのになぜなのか、これは悠木家最大の謎。

さっきから強請ったとか、人間的な表現を使っていますが、猫とそんなにコミュニケーションとれるものなの？　とお思いの方もいるかもしれませんね。

もちろん猫の性格にもよるかもしれませんが、一緒に暮らしていると何となく分かって来たりします。表情や仕草、鳴き声などを駆使して、彼らも結構いろんなアプローチをしてくるのです。

アシュベルは結構おしゃべりな猫。「にゃあ」とは鳴きませんが、「おあ！」みたいな感じで、ナイス発声の低音ボイスで鳴きます。

腹式発声出来てる。多分。流石うちの王。

飼って五年ほどは口より態度で示すタイプだったんですが、ここ最近は鳴き声で何かを訴えてきます。そっちの方が我々下僕の反応がよかったのかもしれません。かなりいろんなことを話しかけてくれます。

ゼロ距離爆音鳴きで、下僕共をビビらせていたかと思えば、上手に可愛く鳴いてくれることも。流石に詳細に何を言っているのかは分からないんですが、我々人間側も察しが良くない割には、甘えたいのかな？　怒ってるね、遊びたいらしい、何か要求されている！　くらいは分かってあげられるようになったはず。分かってるよね……？

アシュベルは身体のこともあるので、子供の頃から、家の中でもリビングにしか放していませんでした。今も外に出ることはなく、リビングのみが彼のテリトリーになっています。

ただ、たまに下僕の誰かがドアを閉め忘れると、廊下に迷い込んでしまうことも。先日は、どうやら私が閉め忘れていたらしく、うっかり帰れなくなったようで。廊下で爆音鳴きして自分の部屋でテープオーディションの音源を収録していた私を呼んでくれました。迎えに行ってもまだ「おああああーっ！」みたいな感じでめちゃくちゃ不満を訴えてきたので、平謝りしながらリビングに連行、もとい凱旋《がいせん》して頂きました。寒かったね、ごめんごめん。

アシュベルは執筆現在十一歳。人間でいうと還暦くらいなのだそうです。あっという間に年齢を越されてしまいました。

なんだか仕草もどんどんおっさん……否、貫禄《かんろく》が増してきています。すくすく育ってくれたのを嬉しく感じつつ、やはりどうしても意識してしまうのは、別れのこと。

今はとっても元気な彼が、このまま幸せに天国にいけることを心から願っています。子猫の頃はたくさん大変なことがあったし、今だってほかの猫よりも不自由なことが多いのですから、余生は幸せしかなくたっていいじゃないか、と。

でもでも、友人の実家の猫は二十年位頑張ってくれた、みたいな話も聞いたので、まだまだ折り返し地点かもしれません。

うちの子も無理せずご長寿目指して頑張って欲しいです。末永く健康に、どんな猫より幸福に。仲良く暮らしていけたらいいなと思います。

# おわりに

ここまでいろんなことを語ってきましたが、そろそろ本書もおしまいです。

実はこのエッセイ、丸々一年ほどかけてちまちまコツコツ書いてきました。エッセイを出される声優さんは周りにチラホラいたんですが、まさか自分が出すとは夢にも思っていませんでした。

それまで、興味のある分野やキャストとして参加した作品について、短いエッセイを執筆したことは何度かあったものの、一冊ともなると、ノリとテンションでは越えられません。

飽きずに最後まで読んでもらえるんだろうか。値段分の価値を見出してもらえるんだろうか。読んだ人が不愉快だと思わないように書けているだろうか、という一人で考えても出ない答えを、書いては消し、書いては消し。

毎月の締切前は何だか胃が痛くて、なるほどこれが噂の……と妙に感心してみたりもしました。書くのも、描くのも好きな私ですが、最近は全然読めておらず。けれどそんな中でも何とか触れた本がこれまたとても面白くて。そこにも変にプレッシャーを感じたり。

ちなみに最近読んだ本は、住野《すみの》よるさん*の『腹を割ったら血が出るだけさ』と、ダ・ヴィンチ・恐山《おそれざん》*さんの『キリンに雷が落ちてどうする　少し考える日々』（品田遊名義）です。

どちらも文字が喜んで踊っているような本で、出会えてよかったと思いました。

住野先生の作品は『麦本三歩の好きなもの』のオーディオブックのお仕事で初めて読んでから大好きになりました。それ以降『朗読劇　君の膵臓をたべたい』にもキャストとして参加させて頂いたりもしました。

更に嬉しいことにご縁が繋がり、『キメラプロジェクト：ゼロ』*第一巻を記念した対談でもお世話になりました。お会いする前は、もしかしたら複数人いるんじゃないかとか、人じゃないかもしれないとか色々想像していたんですが、そんなことはなかったです。

ダ・ヴィンチ・恐山さんは、コロナ禍の際にYouTubeで『匿名ラジオ』という

**＊住野よる**
作家。代表作に『青くて痛くて脆い』『麦本三歩の好きなもの』など。悠木は2022年に上演された『朗読劇　君の膵臓をたべたい』にてヒロイン・山内桜良を演じた。

**＊ダ・ヴィンチ・恐山**
ライター、作家。品田遊名義で執筆活動を行っており、代表作に『名称未設定ファイル』『ただしい人類滅亡計画』などがある。

コンテンツを聞いていて知り、トークで飛び出るたとえの的確さに感動してファンになりました。実はTwitterでも、リツイートで回ってきた呟きを何度かお見かけしたことがあったのですが、Twitterではかなり鋭い切り口のツイートをされる方で。でもラジオや著書の中では、七転八倒しながら訥々《とつとつ》と生きる不器用な人で。名前が特徴的じゃなかったら同じ人だと気付かなかったかもしれません。SNSにいる迫力のある人も、血の通った人なんだと知れてホッとしたんですよね。

エッセイも、読めば読むほど、この人めちゃくちゃ人間だーってなるのに、たまに絶対人間じゃないーって思える部分があって面白く、会ったこともない他人なのに秀逸なたとえで感覚を共有できちゃうところがとても面白かったです。

と、最近の私の読書体験は大成功続きだったものですから、自分が書く側となるとハードル高く感じました。まぁ……ここまで思ってもらうのは流石に無理だったとしても。そうして冒頭で書いた、サンプルにでもなれたらいいんじゃないか、という考えに至ったわけです。

割り切ってみたら楽しかったです。というか、当初のテーマだった自己分析とか、いつの間にかどっかいっちゃいましたね。

**＊キメラプロジェクト：ゼロ**
『月刊アクション』にて2022年より連載中の漫画。「YUKI×AOI キメラプロジェクト」を原案とし、悠木がシナリオを、ひつじロボ氏が作画を務める。

ただただ好きなものの話をしていただけだったような気もしつつ……。

でも改めて自分と対話する機会になったので、ある種最も純粋な自己分析になったかもしれません。好きなものや人、楽しいことが、自分の心にはたくさん詰まっているんだなぁと感じられました。

このエッセイを書くまで、もうちょっと孤高を気取っちゃう瞬間とか、何にも熱中できねーと思ってた期間があった気がしたんですが、そんなこと全然なかった。

でもそれってきっと、私が大人になっても、自分も他人も大好きでいられるように、なるべく好きなものが多いまま生きられるように、整えながら育んでくれた人たちのお陰です。

つまり、今までの人生で関わった全ての人たちのお陰。

綺麗事で締めくくろうとしてるな？　と思ってますね？　その通り！　だって炎上したら怖いし‼

そりゃ傷ついたことも人並みにはあるし、嫌いなものや嫌なことも結構あります。

先日も腕に謎のアザができてたし、ダイエットしてたのに体重増えてたし、テイクアウトでクラムチャウダーを買ったらスプーン貰うの忘れて豪快に飲み干したし、カントリーマアムを電子レンジで爆発させたし、紙で手を切るし、せっかく風呂にお湯を入れたのに両親が先に入って、しかもお湯抜かれちゃったりするし、静電気でスカートの裏地が足にぴたーー！　って貼り付いて腿《もも》周りが気持ち悪っ！　ってなってるのを、なってないですよ？　ってフリしながら歩かなきゃいけなかったし。あれ？　段々嫌なことあるあるみたいになってきたな……。

書けることの表層を粗い網で掬《すく》ったらこんなことになってしまいました。

人間だもの、生きていれば色々ありますよね。それでもまだ、私は幸せだと吠《ほ》えられるだけの余裕を持てているのです。それで十分！　少なくとも、これを読んでくれた皆さんには、私はみんなのお陰でとても幸福です、と思ってもらいたいから。

あなたが、どんな事情でこの本を手に取ってくれたのかは分かりません。

ありがたいことに推してくれているのかもしれない。

どこかで一緒に働いたことがある人なのかもしれない。

嫌いだからこそ弱点を暴いてやろうと思ったのかもしれない。

友達が私を推してて、話を合わせるために読んだのかもしれない。

本屋さんの棚にあったから誰だか知らないけど何となく、かもしれない。そんな読者の方々に頭の中を公開するのは、もうすぐ本が終わる今でも照れくさい。でも、知ってもらえたことはとっても嬉しい。

自分を知られる、曝《さら》け出すって、勇気がいるけど、本当は嬉しいことなのかもしれません。だからみんなSNSとかやって、私はここにいるぞ〜って叫んでる。

それを承認欲求と言えばそこまでなんだけど。

昨今、承認欲求ってまるで悪のように語られるじゃないですか。漢字四文字並ぶと必殺技みたいで強そうですし。

でも本来はきっと、そう悪いものでも、怖いものでもないと思うんです。承認欲求に取り憑かれちゃ生きにくいけど、他人に興味があるからこそ、私にも興味を持って欲しい、とも思うわけで。

もちろん、俺を見ろ！　って強制したいわけじゃなくて、一人で道を歩いている時に、うっかり人と目が合ってちょっと会釈したら会釈が返ってきたりとか、トイレに入ったらトイレットペーパーが三角に畳まれてたりとか、なんかこう、知らない人との繋がりを感じると、自分がここにいることを許されているように思えるじゃないですか。その延長なのかな、なんて。

コロナで街から人がいなくなった時。あんなに鬱陶《うっとう》しかった人混みが消えて、とても寂しいと感じました。苦手だった大人数の飲み会がなくなって、少しだけ残念に思いました。

コミュ障だとか、陰キャだとか自分を表現してきましたし、それは多分間違ってないんです。けれど、なんでコミュ障で陰キャかっていうと、人が好きだからだったんです。嫌われたくない、もっと好きになって欲しい。もっと相手のことを知りたい。自分と相手の違いが分かると何とも嬉しくて、同じ部分があったらもっと嬉しい。

だから慎重に慎重に、ちょっとテンパりながらも生きているのです。

人のことを知りたいからには自分のことを隠しておくのはズルい気がして、だから今伝えられそうなことは全部伝えて、私はこんな人だよ、怖くないよ、きっと君と仲良くなれるよ……って野良猫を宥《なだ》めるみたいににじり寄っています。

これだけマルっと自分を曝け出したのですから、これで私は、この本を読んじゃったあなたのことを同じだけ知る権利を得たわけです。へへっひっかかったな！

……なんて。いつかどこかであなたを深く知れたら幸いです。一人で生きられる人はめちゃくちゃカッコイイし、憧れる。けど、私はきっとそうはなれないんだと思います。

そのくせ、人と共生するには、はみ出している部分が多すぎて。みんなに合わせて形を変えてみたつもりでも、どこか見当違いになってたりとか。人間関係ってままならないですよね。それ故、知った上で私を許容してくれる人というのは、何より貴重な存在です。だから、まず知ってもらうための一歩を踏み出した本書でした。

そして、ここまで読み切って、私を許容してくれたあなたを、許容できる私でありたいなと思います。あ、もちろん知った上で、許容出来ないという人がいたら、私がうっかりあなたを傷つける前にどうか逃げ出して欲しい、とも思うのです。

とても寂しいけれど、人間が大好きなドラゴンは、近くにいる人間全部に絡《から》んでしまいますから。

もし、この先再びエッセイを書くタイミングが訪れたら、私はどんな自己分析ができるんでしょうか。好きなものが増えているでしょうか。その時も、自分を、他人を、好きでいられたらいいなぁ。

そもそも未来、私はどんな人になっているのでしょうか。畑とか始めてたり……

まさか結婚して子供産んでたり⁉　声優を辞めることはないと思うんですが。あ、でもでも海外に移住とかしてたらどうします？　英語圏声優とかになってたら⁉　宝くじが当たってマンション買って不労所得生活とかも最高ですね‼

　未来がどうなるか気になるのは、学生のうちだけだと思っていました。寧《むし》ろ大人になればなるほど、未来予想は難しくなり、故に不安も増していく気がします。

　でも、ワクワクもまだ残ってる。やりたいことはたくさんあります。「キメプロ」をアニメ化したい。地方でイベントしたい。友達と車で旅したい。ぬいぐるみを自分で作ってみたい。ＦＦⅩⅣで零式《れいしき》コンテンツに胸を張って参加したい。パソコンを買い換えたい。VTuberになりたい。カイリキーになって四枚同時に絵を描きたい。ずっとお芝居していたい。どんなものと、どんな人と出会えるのか、どんな進化ができるのか、おっかなびっくり日々を積み重ねていけたらと思っています。

　一冊書いてすっかりさっぱりしてしまったので、そろそろ、いつかもう一度みんなに曝け出す分の自分を蓄積しに行こうと思います。

　今日も明日も画面の中ではキャラクターたちを通して、世界を救ったり壊したり、スパイしたり恋愛したり、宇宙を旅したりあなたと出会ったりしている私ですが、中身は誰とも違って誰とも同じ人間。たまたま職業がちょっと珍しいだけ。

そんな一人の人間の自己分析サンプル、クスリとでも笑って頂けていたら、ちょっとでも共感してもらえていたら、繋がりを感じてほっとしてもらえていたら、幸いです。

またね～！

# 寿美菜子 × 早見沙織 × 悠木碧

# 鼎談

二〇一六年に放送を開始し、今も不定期配信中のラジオ番組『ことはゆ』のパーソナリティを共に務めている寿《ことぶき》美菜子《みなこ》さんと早見《はやみ》沙織《さおり》さん。公私ともになんでも話し合える同い年の親友として声優業界を駆け抜けてきた三人が、約十五年前の出会いから、今後の展望まで自由に語り尽くしました。

## 出会いは制服のころ

**寿**　私があおちゃんと初めて会ったのは、『地獄少女《じごくしょうじょ》』というアニメ作品でしたね。お互い高校二年生だったかな？　同い年の声優さんはその頃、あおちゃんとはやみんくらいしかいなかったので、その一人にやっと会えた！　という感動が大きかった。

**寿美菜子（ことぶき・みなこ）**

声優。代表作に『けいおん!』琴吹紬役、『TIGER & BUNNY』カリーナ・ライル / ブルーローズ役、『ドキドキ!プリキュア』菱川六花 / キュアダイヤモンド役など。

現場では、あおちゃんととにかくお話をしたくて、隣に座って話しかけちゃいました。その時のことが今のあおちゃんとの関係に繋がっているのだと思います。

**悠木**　私は自分がゲスト出演ということもあって、とても緊張していたのに、美菜子は本当に同級生？　と思うくらい、落ち着いているのにフランクで、でも礼儀正しくて大人っぽかった。

**寿**　当時、私はまわりからよく大人っぽいと言われていました。逆にあおちゃんは可愛らしいと言われていることが多かったんですけど、演技に入ると可愛いだけじゃない存在感の強さに圧倒されたのを覚えています。

**悠木**　その時私たちが演じた役が、仲良しだったのに、何かの拍子に関係がうまくいかなくなる高校生たちの役だったんだよね。だから、美菜子が人懐っこく話しかけてくれたお陰でお芝居がしやすくなって、すごい距離感のコントロールが上手な人だと思いました。

そこからラジオでも一緒になることがあり、大人っぽいだけじゃなくて、独特な感性を持っていることも知りました。同じクラスにいるけれど全然違うカテゴリに生きてる人、みたいな感覚だから一緒にいてめちゃくちゃ面白かった。

**早見**　私がおいちゃんと会ったのもアニメのアフレコだよね？　そう、『宙《そら》のまにまに』。あの現場で美菜ちゃんとも初めて会いました。

おいちゃんが制服で現場に来ていたのと、同い年は珍しいですねってお話をして連絡先を交換したのは覚えてる。

**悠木**　私は早い段階から「早見さんとは、このあと一緒にラジオをやるよ」と聞いていたから、少しでもお話ししたかったんだけど、死ぬほど引っ込み思案だったから、現場でかなり唐突に「あの、メールアドレス、交換しませんか……！」って切り出したんだよね。

でも穏やかに対応してくれて嬉しかった。そのままご飯も半《なか》ば強引に誘ったりして、今思うとあの距離感は面白かったね。

**早見**　たしかに。(笑)
　印象的だったのは、おいちゃんが自分の携帯電話に名前を付けていたことかな。携帯電話の登録名が「悠木碧」じゃなかったんだよね。それが可愛いな、珍しいけど面白い人なんだろうなと思いました。

**悠木**　愛車に名前を付けるような感覚だったね。恥ずかしい。(笑)
　みさおさんも美菜子と一緒で、同じクラスでも私とは違うカテゴリの人、という感じかな。お互い現場で緊張していたのもあり、みさおさんの第一印象はとても真面目な人でしたが、当時から仕事の捉え方が柔軟で、言葉の選び方がとにかく上手かった。
　ラジオでは私、結構ノリでしゃべっちゃうところがあるから、ともすれば諸刃《もろは》の剣《つるぎ》にもなるような強い言葉を使いがちなんですけど、みさおさんはトークが面白いのに、絶対誰も傷つけない。言葉の一つ一つが柔らかくて上品なんですよね。

美菜子もみさおさんも、第一印象で良いなと思った部分が結構根幹で、それは今も変わってないと思います。

**早見沙織（はやみ・さおり）**

声優。代表作に、『SPY × FAMILY』ヨル・フォージャー役、『ONE PIECE』ヤマト役、『鬼滅の刃』胡蝶しのぶ役など。

# 誕生日はサプライズ

**早見**　最近だと、おいちゃんの誕生日に三人で集まったよね。

**寿**　うちでご飯を食べた日もあった。

**悠木**　美菜子の家で手巻き寿司をした日だ！

**早見**　あの日は卓上ホッケーみたいなゲームもしたよね。

**悠木**　クラスクね。私が死ぬほど下手なゲーム。

**寿**　あおちゃんも持っているのに、初めてやったはやみんに負けてた。
（笑）

**悠木**　みさおさんは常に穏やかな印象だし、実際そうだと我々も思っているけど、クラスクをやっている時は女子高生のテンションになっていたね。

**寿**　ふぁっ!!　とか言ってて可愛かった！

**早見**　盛り上がってしまいました……。手巻き寿司して、テーブルゲームって、やってること本当に学生じゃない？

**悠木**　お腹《なか》がよじれるほど笑ってさ。大学生のノリだよね。しかも、あの日はみんな飲酒してない。

**寿**　しらふだったんだ！　なのにあんなに……。

**早見**　本当にハイテンションだった。

**悠木**　美菜子の家に集まったのは、私の誕生日前日にやった「ことはゆ」配信のちょっと前かな？　配信でやる企画を考えようという体《てい》で集まりました。

**早見**　企画の打ち合わせが最終的にホッケーをする会に。（笑）
　その後にすぐ、配信中に渡すおいちゃんの誕生日プレゼントについて、美菜ちゃんとLINEで相談したのを覚えてる。あおちゃんは、何が欲しい？　って聞いたら明確に欲しいものを言ってくれるからありがたかった。あのときも、なんだっけ3D……。

**悠木**　3Dアートペンっていう、ペン先から熱で溶かしたプラスチックみたいなのが出てきて立体物がつくれるやつです。この前やってみたら、かなり難しかった！

**寿**　サプライズだから単刀直入に「誕生日プレゼントは何がいい？」とは聞けなくて、「配信企画の景品にリクエストはある？」みたいなLINEをおくったんだよね。そしたら返ってきたのが3Dアートペン。

**早見**　二人で一生懸命調べたよね。孫から全く知らないものを強請《ねだ》られたおじいちゃんとおばあちゃんの気持ちで。（笑）

**悠木**　私は全然気が付かなくて、当日に嘘でしょ!?　って本気で驚きました。

**寿**　無事にサプライズできましたね。

**悠木**　二人の愛情を感じて嬉しかったです。

# 新しいステージで見えてきたこと

**寿**

声優の仕事をやればやるほど、楽しさが増すと共に、ここ最近は緊張感も増しています。最初の頃は出来ないことが多くて、「若いから、まだ分からないか」と言われるのが本当に悔しかったので、とにかく技術や経験を身につけようと必死に努力していました。

新人でも中堅でもない立場になって、出来ないことは減ってきたと思うんです。すると今度は、求められているものに対して、いかに毎回高得点を狙えるかが、お芝居をしながらも頭を過《よぎ》るようになりました。

でもお芝居には点数ではなく、のびのびさが必要だったりもする。そのバランス感覚が年々難しくなっているんだと思います。そこは今戦っているところかな？

**悠木**　私が感じていたモヤモヤも、同じですね。美菜子の言葉で気付かされた。

**寿**　声優はソロプレイヤーだけど、作品は集団でつくるものだから、みんな本当はどう思っているんだろう？　と考えていたんです。現場では何でもないように振る舞っていても、裏では私と同じように感じてる人もいるだろうなと。

身近な二人が今頷いてくれて、私だけじゃないんだと安心しました。

**早見**　美菜ちゃんは言語化が上手すぎるよ！

変化といえば、アフレコは何人かで一緒に収録するのが普通だったのが、コロナ禍になって一人ずつの収録が多くなったよね。収録中の会話から生まれるものが結構あったんだと、環境が変わって改めて思いました。一人だと、それこそ美菜ちゃんがさっき言っていたようなことを、マイクの前に立つ瞬間にも壁打ちみたいに考えてしまう。演技に入る時にそれをかき消すのが難しいし、考えがまとまらないうちに収録すると、中途半端だったかも、と後から考えてしまいます。

アフレコは前の形式に徐々に戻りつつあるけれど、私がマイクの前で考え込んでしまった理由が、たまたまコロナ禍だったからなのか、新人でも中堅でもない段階に至ったからなのかは分かりません。

でもそういう考えを十代の頃には持っていなかったなと思います。だからこそ、同世代もそうだし先輩、レジェンドの方たちは本当に険しい道のりを歩んで今そこにいらっしゃるんだと改めて実感しました。

## 未来を自分で選べる怖さ

**悠木**　二人の話を聞いて、今まで自分のなかにあった漠然とした不安の正体にようやくたどり着けた気がします。

若いときはやれることが少ないじゃん。18レベルになるまでは出来ることが決まっていて、淡々とレベリングするしかない。

これが20、25、30と上がるにつれて、自分でできること、選べることが増えてくる。アフレコだけじゃなくて、例えば雑誌の取材を受けたり、ラジオに出演したり、私なんてエッセイを書いたり！

何をやるか、やらないか、やるならどのように？　という取捨選択の一つ一つでこの先のルートが決まっていく。そしてその責任は、選んだ数だけ自分自身に積もるんだよね。未来を自分で選べるようになったことに、私は怖さを感じている。

それは芝居も同じで、できることが増えたからこその悩みに私たちは直面しているんだと思います。

今の演技が中途半端だったのか、それとも自分がやりたいことと求められていることの、ちょうど真ん中を取れた結果なのか、判断に迷うこともあるけれど、その迷いは真ん中を取れるまで自分のレベルが上がったことの証でもあるんじゃないかな。

大人になれば悩みは少なくなると思っていたけれど、これは四十歳、五十歳になったら余計悩むってことだよね。どこかで吹っ切らないと。

**早見**　今、おいちゃんが、自分で選べることが増えたと言っていたけど、同世代のなかでも特に二人はすごいルートを選んでいるよね。声の仕事はもちろん、美菜ちゃんは海外に行ったり、おいちゃんはエッセイや「キメラプロジェクト」の原作を書いたりして、どんどん世界を広げている。

**寿**　それは、はやみんもだよ！

**悠木**　みさおさんは今、歌手活動だけじゃなくて作詞作曲と、音楽を深掘りしているよね。私は作曲とか絶対できないと思うし、本当に尊敬しています。

**早見**　こんな風に、今取り組んでいること、これからやりたいことを、十代の頃からお互いに話してきたんです。世界を広げようとか、選択肢を増やそうとか思っていたわけではないけれど、結果的にはずっとその準備をしていた。

**悠木**　絶対取れなさそうなカルタに手を伸ばしちゃうんだよね。一回やってみよう!? って。

**早見**　**でも、思い描けない札はきっと並べられないから。**

**寿**　は！　カッコイイ！

**悠木**　今の言葉は太字にして載《の》せましょう！

**早見**　これカルタの話ですよ。（笑）

**悠木**　でも二人がこのたとえに共感してくれて嬉しいな。
悩みはあるけれど、それを正直に話せる友達がいることに感謝しています。

**寿**　みんなの悩みを聞くと全部共感できるし、ほっとするよね。大事な関係です。

## 好奇心を原動力に

**悠木**　私はこの本の中で、声優になってみて役に立ったと感じた自分の気質として、毎日違う仕事ができること、自己肯定感を保てること、自己プロデュース力の三つを挙げたんだけど、二人はどうかな？

**早見**　美菜ちゃんはかなり自己肯定感保ててる気がする。

**寿**　そうかな？　私はポジティブと同時に気にしぃでもあるから、そのバランスが……。そう、バランス！　自分にあるかは置いといて、バランス感覚は大事ですね。自己肯定感が高すぎて、なにも気にしないです～！　はダメだけど、気にしすぎて、もう怖くて何もできないです……もよくない。そのバランス感覚がある人を見ていると、自分もそうなりたいと思うな。

**悠木** もう出来てるよね？　美菜子は超バランス感覚あるよ。

**寿** 本当に？　あったら嬉しいけど！　それと、もう一つ私が大事だと思うのは、興味を持つこと。

何の分野にアンテナを張れるか、それをいかに仕事に活かせるかで、世界の広がり方が変わります。まずは他人に興味を持つこと、話している相手の話題に興味を持ってみてください。普通に、人との会話が楽しくなるからね！

**悠木** 確かに、美菜子のいろんなスキルを見てきたけど、トップはそこだ。興味力、好奇心。好奇心を原動力に勇気を振り絞れる人なんだよね。羨ましいな！

**早見** そうだね。美菜ちゃんはなんでも面白く捉えられる力がある。でも、おいちゃんだって好奇心はあると思うよ？

**悠木**　ここまであるかな？　美菜子はグーグルマップの行きたいところリスト千件以上あるんだよ!?　私、四件。（笑）

**早見**　私はなんだろう。一つは、寝たらストレスが軽減されることかな。落ち込む時はガツンと落ち込むけど、半年後にはあれなんだっけ？　くらいになっていることが多いです。

**悠木**　大事なことだね。自己治癒力が高いんだ。

**早見**　もちろん、ショックなことは覚えています。でも、受けたダメージや、心に刺さった棘《とげ》の感覚を、睡眠とかいろいろなことで回復できているかな。

ほかには、二人にも言えることだけど根は素直だよね。素直さって心を柔軟に動かす原動力になっていると思います。美菜ちゃんの好奇心もそう、他人から貰ったものを一度素直に受け取ってから、自分なりの答えを出しているのが素敵。

「ひねくれている」と自分で言う人もいるけれど、それを言えるのも逆に素直さだと思います。お芝居を仕事にしている人は、心に純粋な部分を持っている人が多いのかな？　私自身も全部が全部素直なわけじゃないけど、職業的にそういう傾向があるのかもしれません。

**悠木**　どうしてもお芝居には滲《にじ》むよね、人となりが。素直だからこそ隠せないとんがった部分を、私もどこかしら出しているんだろうな。

**早見**　声優の仕事はディレクションをもらって演技を変える必要があるから、他人の意見を一回受け入れる柔軟性は必要だよね。

**悠木**　私も社会人として多少はあるけど、みさおさんの柔軟さは全社会人中トップ十位はいくと思う。

**早見**　全社会人って、この世界の？　それ、柔軟っていうレベルじゃないよね。もう液体になってない？

**悠木**　いけるよ、世界トップ十！　みさおさんの何がすごいって、ずっと液体ではなくて、時にはしっかり凍るところ。一番大事な部分は揺らがない。たとえるなら、液体金属なんだよな。

**早見** 液体金属！ 初めて言われました。褒められてるのかな。

**悠木** もちろん褒めていますよ！

『FFX』（ファイナルファンタジーX）に「スフィア盤」っていう、アビリティをどう伸ばすかによってキャラの育ち方が変わっていくシステムがあって、私たちはそれを三者三様、別々の道に進めているんだと思う。

みさおさんは柔軟のスキルを取ったな、とか、美菜子が選んだ道にはそんなものが！ とか、面白いですよね。全員違って、でも全員生き残った……。

# 声優を目指しているあなたに

寿

今声優を目指している人になにか言葉をかけるなら……私は三十歳前後のときに一年半、海外に留学していました。向こうでもお仕事をさせてもらってはいたけれど、積み上げてきたキャリアがなくなるかもしれない状態で次の道に進むことには、不安や怖さがありました。

留学で何を得たのかと問われても明確に答えられるわけではないんです。でも、やってよかったという実感が私の中には残りました。

若い方はもちろん、私より年上の方でも、声優になりたいと少しでも思っているのなら、私はとにかく挑戦することをお勧めします。結果はどうあれ、自分で全てを経験することが大事なのではないでしょうか。

**早見**　個人的には、友達と夜通ししゃべるとか遊びに行くとか、悲しいことがあって一人で大泣きするとか、三人でクラスクをやって大爆笑するとか（笑）、そういう仕事以外の分野で得た感覚や経験が最終的には仕事全般に活きてくると思います。学生時代の経験とかが顕著ですね。

仕事にはもちろん全力で取り組むけど、プライベートも瞬間瞬間を全力で味わっていくといいんじゃないかな。

**悠木**　好奇心スキルと柔軟スキルを、それぞれＭＡＸまで取った二人の個性がしっかり表れているなあ……。

声優は誤解を恐れずに言えば、誰でもなれる職業です。だからこそ、なりたい人が沢山いて、厳しい競争になっているのだと思います。

そこで負けないためには、自分の強みを見つけてMAXまでポイントを取るしかない。もしかしたら、好きな声優さんと自分では得意なことや伸ばせるスキルが違うかもしれません。憧れの人みたいにはなれない可能性だってある。それでも声優になりたいなら、自分と対話し続けるしかないのです。

きっとその結果が先ほどの二人の答えだったのだと思います。私が感じていた二人の素敵な部分が、二人自身によって言語化されたこと、この機会にそれを聞かせてもらえたことが、とても嬉しかったです。

**寿**　そう言ってもらえると、私たちも鳥肌が立つくらい嬉しいですね。

**悠木**　しんどいこともあるけれど、夢が叶ったら楽しいことも沢山ありますから。あなたとマイク前で会える日を楽しみにしています。

## おばあちゃんになっても

**寿**　この先、みんなでやりたいことについて考えていました。いつか、三人主演でアニメをやりたいね。

**悠木・早見**　わー！　やりた――い!!

**寿**　ここから五年、十年、どこかで叶えられるように頑張っていこう。まだまだ夢にあふれていますよ、私たちは！

**早見**　私は海外で「ことはゆ」のイベントをやりたいかな。

**悠木・寿**　やりたいやりたい、やりた――い！

**早見**　この前配信はできたけど、リアルイベントは最近できていないからね。

**悠木**　ラジオCDならいけるんじゃない？

**早見**　その辺はおいちゃんに考えて頂きましょうか。

**寿**　しっかりプロデュースしてもらおう。

**悠木**　う〜ん、資金繰り！　やりたいことだけじゃなくて、やるためにどうするか？　の手段も考えちゃうね。待ってて下さい！　三人でアニメを作ろう！　ラジオCDもやって海外へ行こう。人のお金で海外に行こう！

**寿**　お二方にはもうしばしお付き合いをよろしくお願いします。

もちろんです。

**早見**　永久《とわ》に。

**悠木**　永久に（笑）。おばあちゃんになっても三人でいろいろやりたいよね。

**寿**　いいじゃん、縁側に並んで「ことはゆ」したい！

**早見**　日本茶を毎回だして、和のテイストでいこう。

悠木　トークテーマはなんだろう、関節痛の話とかするのかな。

寿　そうだよ、最近体調が優れなくて……みたいな。（笑）

二〇二三年六月　中央公論新社にて鼎談収録

撮　影　　　中央公論新社写真部

ヘアメイク　中畑薫（寿美菜子）

　　　　　　樋笠加奈子（早見沙織）

　　　　　　福田まい（悠木碧）

本書は書き下ろしです。

カバーイラスト　きばどりリュー
ブックデザイン　山影麻奈

悠木碧

声優。4歳で子役として芸能界に入り、2003年に『キノの旅』（さくら）で声優デビュー。11年、『魔法少女まどか☆マギカ』（鹿目まどか）での好演が大きな話題を呼び、第６回声優アワードにて主演女優賞を受賞。その後も『戦姫絶唱シンフォギア』(立花響)、『ヒーリングっど♡プリキュア』（花寺のどか/キュアグレース)、『スパイダーマン：スパイダーバース』（グウェン・ステイシー/スパイダー・グウェン)、『薬屋のひとりごと』（猫猫）など様々な作品に出演しているほか、『悠木碧のこしらえるラジオ』のラジオパーソナリティや、キャラクターコンテンツ「YUKI×AOIキメラプロジェクト」の原案・企画・キャラクターデザインを担当するなど、多岐にわたり活動している。

悠木碧《ゆうきあおい》のつくりかた

2023年９月25日　初版発行
2023年10月５日　３版発行

著　者　悠《ゆう》 木《き》 碧《あおい》
発行者　安 部 順 一
発行所　中央公論新社
〒100-8152　東京都千代田区大手町1-7-1
電話　販売 03-5299-1730　編集 03-5299-1740
URL https://www.chuko.co.jp/

ＤＴＰ　平面惑星
印　刷　大日本印刷
製　本　小泉製本


Published by CHUOKORON-SHINSHA, INC.
Printed in Japan　ISBN978-4-12-005695-6 C0095